我国经济建设和国防建设融合发展政策法规体系国际比较与建设路径

WOGUO JINGJI JIANSHE HE GUOFANG JIANSHE RONGHE FAZHAN ZHENGCE FAGUI TIXI GUOJI BIJIAO YU JIANSHE LUJING

中国船舶第七一四研究所 编著

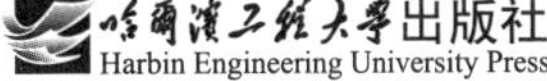

内容简介

本书以梳理我国经济建设和国防建设融合发展政策制度和法律法规体系的总体建设状况为起点，创新性地运用供给侧和需求侧结构关系分析框架，将"军转民""民参军"和军民资源共享等方面工作纳入简洁清晰的分析框架中，从民品市场、国防市场、民口单位、军口单位这四者间的互动关系角度，认识、理解、分析"军转民""民参军"和资源共享政策制度与法律法规体系的现状与问题，重点研究政策制度空白领域、衔接环节缺陷、执行层面障碍等。

本书可供从事与国防建设有关的工作人员学习参考，也可供关心国防事业的读者阅读。

图书在版编目(CIP)数据

我国经济建设和国防建设融合发展政策法规体系国际比较与建设路径 / 中国船舶第七一四研究所编著. — 哈尔滨 : 哈尔滨工程大学出版社, 2020.4

(国家战略 : 经济建设和国防建设融合发展理论与实践丛书)

ISBN 978 - 7 - 5661 - 2515 - 6

Ⅰ. ①我… Ⅱ. ①中… Ⅲ. ①军民关系 - 法规体系 - 研究 - 中国 Ⅳ. ①D922.124

中国版本图书馆 CIP 数据核字(2020)第 033251 号

选题策划 张 玲
责任编辑 张林峰 马佳佳
封面设计 李海波

出 版 哈尔滨工程大学出版社
社 址 哈尔滨市南岗区南通大街 145 号
邮政编码 150001
发行电话 0451 - 82519328
传 真 0451 - 82519699
经 销 新华书店
印 刷 哈尔滨市石桥印务有限公司
开 本 787 mm × 1 092 mm 1/16
印 张 10.25
字 数 197 千字
版 次 2020 年 4 月第 1 版
印 次 2020 年 4 月第 1 次印刷
定 价 68.00 元
http://www.hrbeupress.com
E-mail:heupress@hrbeu.edu.cn

编 委 会

总 序

当今世界，随着新一轮科技革命、产业革命的兴起和世界新军事革命的加速发展，社会经济形态、技术形态和战争形态深刻演变，推动经济建设和国防建设融合发展已经成为时代潮流，成为各国综合国力竞争和军事竞争的一种新趋势。随着我国经济建设和国防建设融合发展实践的不断深入，其理论研究也在不断深化，如何借鉴国外经验教训，破除阻碍经济建设和国防建设融合发展的坚冰、壁垒、藩篱，是亟待解决的现实问题：一是资源配置不合理，如军工企业融资渠道单一，军工企业专业人才队伍不稳定。二是军民双方内在机制不协调，如技术标准不统一，保密解密机制不协调，利益分配不协调，文化不协调。三是运行机制滞后，虽然我国关于经济建设和国防建设融合发展的相关政策制度文件总量庞大，但相关政策并未形成较为清晰的逻辑体系，经济建设和国防建设融合发展的实施缺少宏观统筹规划；相关政策缺少实践检验与经验总结，部分文件因为缺乏实际操作细则而作用甚微。究其深层次原因，既有思想观念保守固化的问题，也有法律制度供给不足的因素，还有体制机制的羁绊。

《国家战略：经济建设和国防建设融合发展理论与实践丛书》正是基于上述经济建设和国防建设融合发展中存在的问题及原因所策划的。本丛书包括《国外国防科研生产能力发展与监管研究》《国外涉军资产管理模式研究》《国外军民两用计划实施方式研究》《我国经济建设和国防建设融合发展现状与国际经验启示》《我国经济建设和国防建设融合发展政策法规体系甄别与分类研究》《我国经济建设和国防建设融合发展政策法规体系国际比较与建设路径》6 个分册。本丛书一方面通过梳理世界主要国家在国防科研生产能力建设、涉军资产管理、军民两用计划及项目管理经验等经济建设和国防建设融合发展领域的典型做法、政策制度体系和成效等，归纳可供参考借鉴的做法，弥补国内在相关领域的研究空白；另一方面，聚焦促进武器装备科研生产领域，甄别和挖掘国外国防科技工业、武器装备采购等方面的政策法规体系，梳理了我国经济建设和国防建设融合发展组织管理、工作运行、政策制度“三大体系”发展现状及存在的问题和障碍，对比国外成功经验做法，提出推进我国经济建设和国防建设深度融合发展的具体措施和政策建议，对加强应用基础研究、推进我国经济建设和国防建设融合发展创新体系建设具有重要意义。

本丛书力求使社会大众、企事业单位、政府和军队相关部门准确把握经济建设和国防建设融合发展内涵与外延，系统了解国内外经济建设和国防建设融合发展主要涉及领域的现状、问题、经验、教训，进而启发引导社会各类主体从认识角度统一思想，从实践角度落实经济建设和国防建设融合发展战略，因此具有较大的社会效益。

第一，本丛书的出版为实现国防和军队现代化提供了丰厚的资源，为可持续发展奠定了良好的基础，促进了我国经济建设和国防建设良性互动，更好地推进了我国国家战略的实施；填补了经济建设和国防建设融合发展领域在国内政策制度建设方面研究的多项空白，有助于我国国防和军队现代化建设以及对相关人才的培养；同时本丛书结合具体经典案例，总结其经验教训，针对我国经济建设和国防建设融合发展管理实践、政策体系现状，提出相关措施建议，为我国经济建设和国防建设融合发展管理实践工作提供决策支撑。

第二，本丛书通过跟踪研究世界上具有代表性的几个国家的经济建设和国防建设融合发展的实施背景、认识、主张、思路、重点领域与特点，为我国经济建设和国防建设融合发展相关领域的广大科研工作者提供了第一手的研究素材。此外，本丛书重点分析了美国、英国、法国、德国、俄罗斯、日本等国在军工开放、资源共享、军民科技成果转化、军工带动国民经济发展、改善军工投入和能力管理等经济建设和国防建设融合发展重点领域的典型做法、管理措施和实施效果，以此提出了推进我国经济建设和国防建设融合发展管理实践的政策措施建议，为实现我国武器装备研制水平和国民经济发展水平的同步提高提供了一定的参考和借鉴。

第三，本丛书介绍的我国经济建设和国防建设融合发展的阶段、历程及政策制度建设，为各地方的经济建设和国防建设融合发展提供了参考和借鉴，使各地方的经济建设和国防建设融合发展更具有针对性及方向性，进而为推动经济建设和国防建设融合健康发展，增强国家的战略威慑力，实现强军梦、中国梦提供强有力的支撑。

由于我们理论水平有限，在选题与具体研究内容上难免存在不足之处，欢迎广大同人及读者批评指正。

中国船舶第七一四研究所

2019 年 10 月

目 录

引言 …… 1
第一章 研究背景与范围界定 …… 3
第一节 研究背景 …… 3
第二节 基本概念及范围界定 …… 4
第三节 研究目标与研究方法 …… 7
第二章 我国经济建设和国防建设融合法律与政策制度和法律法规体系的现状 …… 11
第一节 经济建设和国防建设融合法律与政策制度和法律法规的总体状况 …… 11
第二节 法规建设成效 …… 22
第三章 我国经济建设和国防建设融合工作成效及问题 …… 31
第一节 我国“军转民”现状及政策措施 …… 31
第二节 我国“民参军”现状及政策措施 …… 47
第三节 我国军民资源共享现状及政策措施 …… 69
第四节 法律法规建设中存在的问题 …… 76
第五节 政策制度建设中存在的问题 …… 80
第四章 世界主要国家的典型做法与经验 …… 83
第一节 主要国家管理职能与手段 …… 83
第二节 主要国家经济建设和国防建设融合政策制度与法律法规架构 …… 86
第三节 主要国家政策法规对比分析 …… 92
第四节 典型做法对我国的借鉴和启示 …… 97
第五章 完善政策制度和法律法规体系的思路 …… 101
第一节 政策制度体系完善目标 …… 101

第二节 总体工作要求 …… 102
第三节 “军转民”政策完善思路 …… 103
第四节 “民参军”政策完善思路 …… 105
第五节 经济建设和国防建设资源共享政策完善思路 …… 108
第六章 经济建设和国防建设融合政策制度和法律法规体系完善的具体措施 …… 111
第一节 法律法规完善方面的措施 …… 111
第二节 重点政策建设方面的建议 …… 111
参考文献 …… 117
附录 A 世界主要国家民企高新技术知识产权转军用研究 …… 119
附录 B 中美知识产权政策法规比较研究 …… 147

引 言

强化法治保障，是深入实施国家经济建设和国防建设融合深度发展战略的根本要求。依据法律法规，强制推进经济建设和国防建设融合，是世界主要大国的通行做法。近年来，经济建设和国防建设融合理论不断发展完善，向实践深度迈进，相关政策制度与法律法规体系建设也不断推进。尤其是围绕贯彻落实习近平经济建设和国防建设融合发展战略思想，在固定资产投资管理、市场准入和监管、军民技术转化、保密管理、国防知识产权、公共技术服务和装备动员等方面，均有系列相关政策出台。法规建设与完善有力地保障了经济建设和国防建设融合发展战略实施，支撑了国防与军队现代化建设。然而，一些环节的政策制度和法律法规已不适应经济建设和国防建设融合发展深度发展的新形势、新要求，在某些领域还存有空白地带，甚至有冲突之处，需要加快推进相关政策和法律法规立改废释工作。主要问题突出表现在：一是还没有一部规范推动经济建设和国防建设融合发展的综合性法规，立法层级较低，权威性不高；二是政策制度和法律法规修改完善和制定出台速度跟不上形势发展要求，不可避免地出现过时内容和空白点；三是已有政策制度和法律法规之间衔接不够，部门利益倾向在所难免，甚至已有不同法规条款之间还存在冲突；四是部分政策制度和法律法规有较大局限性，可操作性不强，让军民经济建设和国防建设融合市场参与主体无所适从。这些突出问题已经严重制约了经济建设和国防建设融合，其政策制度和法律法规的供给与需求严重不对等，亟待强化。本书将对现有经济建设和国防建设融合政策制度与法律法规体系基本情况进行梳理总结，剖析新时期经济建设和国防建设融合深度发展改革中存在的主要制度障碍和缺陷，借鉴国际相关经验和做法，提出建设与中国特色经济建设和国防建设融合发展战略相适应的政策制度和法律法规体系的举措与抓手，供各类读者借鉴参考。

第一章 研究背景与范围界定

第一节 研究背景

推动经济建设和国防建设融合深度发展，是我国当前乃至今后一段时间富国强军的重大战略。但目前，经济建设和国防建设融合式发展还存在诸多问题，以“军转民”“民参军”为例，我国民用高端产业国际竞争力不强，主要原因是技术实力存在差距，军工大量先进技术的产业化程度不高，或没有向民用产业转化。由于在众多领域没有及时转化，致使我国部分民用产业在国际上没有足够的竞争力，对国民经济建设贡献受到制约。传统军工企业高度垄断的特征，使得民用高技术参与军工科研生产壁垒重重。总体来看，我国经济建设和国防建设融合发展还存在军地资源共享程度不高、军工体系开放不够、“民参军”较为困难、利益藩篱固守等问题。究其原因，与我国当前对经济建设和国防建设融合发展认识不够深刻、体制机制不健全、政策制度和法律法规体系建设不够完善等因素有密切关系。

从发达国家经济建设和国防建设融合发展的实践经验来看，制度与法规质量①是经济建设和国防建设融合发展范围和深度的决定性因素。但现有配套的制度化、法制化建设离“融合”要求还有很大差距，传统自成体系的国防科技工业经济建设和国防建设融合政策制度和法律法规在许多方面已不能适应“深度融合”的需要，还有许多工作要做。习近平总书记指出，推动经济建设和国防建设融合发展深度发展，要努力形成统一领导、军地协调、顺畅高效的组织管理体系，

① 经济学上经常讲制度质量，是指制度的科学性、合理性和有效性；法规质量是指法律条文内容设计是否科学、合理，以及对实际问题是否具备足够的指导、规范作用，低质量的法规往往流于形式。

国家主导、需求牵引、市场运作相统一的工作运行体系，系统完备、衔接配套、有效激励的政策制度体系，统称为“三个体系”。其中，政策制度体系，关键在于构建完善的政策制度和法律法规体系。经济建设和国防建设融合在诸多领域是跨部门、跨边界的，在实际推行过程中往往超出了既有法规的约束范围，处于模糊地带，没有政策制度和法律法规予以明确，融合工作就于法无据，没有保障。必须构筑法律、法规、政策规章等多层次政策制度和法律法规体系，尤其是针对信息化战争的新要求，在网络安全、信息资源共享、电磁、空天、标准等领域，抓紧出台相应的政策制度和法律法规。

本书将对现有经济建设和国防建设融合政策制度与法律法规体系的建设情况进行梳理总结，并围绕“军转民”“民参军”和军民资源共享等方面的政策制度和法律法规情况，分析在既有政策制度框架下，“军转民”“民参军”和军民资源共享政策体系存在的主要问题，包括政策空白领域、衔接环节缺陷、执行层面障碍等。针对存在的问题，在借鉴国际经验基础上，结合政府各部门在推进经济建设和国防建设融合深度发展的工作职责，提出完善其法律体系和政策机制体系的思路和建议，以此保障我国经济建设和国防建设融合战略得以贯彻落实。

第二节　基本概念及范围界定

一、基本概念界定

（一）政策制度和法律法规体系

本书中所指“法律”，是以《中华人民共和国宪法》（简称宪法）为依据制定的，经全国人民代表大会或全国人民代表大会常务委员会审议通过，并由主席令签署正式颁布的①。

本书中所指“政策制度和法律法规”是一个统称的概念，包含国务院、中央军委颁布的行政法规，以及其下属各部门制定的规章、规章细则及政策规范性文件等，也包含地方省市出台的地方性法规（人大）和地方性规章（政府）②。

如没有特别指明，本书中所指“法规”包含“法律”和“政策制度和法律法规”。

（二）“军转民”“民参军”和军民资源共享的法规建设及政策体系

本书研究对象为“军转民”“民参军”和军民资源共享等方面的法规建设及

① 根据《中华人民共和国立法法》。
② 根据《中华人民共和国立法法》和《行政许可法》。

政策体系。针对上述领域的法规梳理和政策研究，以往大部分工作是把“军转民”“民参军”和军民资源共享相关的政策制度和法律法规体系进行较为孤立的研究，难以在宏观层面形成整体认识，提出操作性强的政策建议。

1.“军转民”工作

“军转民”通常是指军事装备等军品的生产技术、设备和人才向民用生产领域转移，即和平时期军事工业在确保完成军工任务的前提下，充分利用自身剩余生产能力，挖掘自身的生产潜力并充分发挥自身优势生产民品，以发挥军事工业对民用工业的补充和促进作用，为国民经济发展服务，也包括军用技术直接或经过二次开发后转移至民用领域应用①。

2.“民参军”工作

“民参军”，从狭义上讲，是指民口单位参与武器装备科研生产；从广义上讲，是指民口单位参与国防和军队建设，包括武器装备研制、后勤装备研制、后勤服务保障等。

3. 军民资源共享工作

军民资源共享工作在供给侧主要围绕民口单位与军口单位开展。民口单位和军口单位相互间促进设备设施、实验室等资源共建、共用、共享，发挥资源利用效率最大化，即军民资源共享。鉴于资源本身含义很广泛，包括技术、工艺、劳动力、设备、材料、器材、供应链、设施等，如果把技术资源也纳入研究范围，则与“军转民”和“民参军”研究对象有较大的交叉重叠。因此，本书主要研究科研设备设施、生产设备设施、国家重点实验室和国防科技重点实验室等资源的军民共享问题。

综上，本书针对“军转民”“民参军”和军民资源共享这三方面政策体系研究，将纷繁复杂的经济建设和国防建设融合发展问题纳入一个相对清晰的框架下思考，将经济建设和国防建设融合发展涉及的政府和军队多部门，以及引导、支持、监管、审查等多部门职责放在一个总体框架下去理解辨识，以研究不同政策间的相互关联和影响，从而提出推进以上三方面的思路、任务和措施建议。

二、研究领域

本书中所涉及的政策制度和法律法规仅限于工业领域内的经济建设和国防建设融合发展。主题相近的文件，以时间上最后出台的为准。本书所涉及的政策制度和法律法规主要是公开颁布的。

---

① 陶春，张楠楠，安孟长. 我国军转民现状及问题研究[J]. 军民两用技术与产品，2014(18)：11－13.

（一）涉及的机关单位

涉及的机关单位包括全国人大常委会，国务院、中央军委及下属各部门等机关部门，以及地方人大和政府机关。

（二）研究层级

本书中政策制度和法律法规层级包括国家层面、国务院及其部委和军队层面以及地方层面三个层次。国家层面，由全国人大及全国人大常委会作为国家最高权力机关，进行国家经济建设和国防建设融合发展相关法律的立法工作。国务院及其部委和军队层面，由国务院制定行政法规，中央军委联合制定军事法规，或国务院、中央军委联合制定法规，或由国务院相关部委和军队总部机关联合制定相关的经济建设和国防建设融合发展规章，两个部门以上提请国务院可制定行政法规。地方层面，由省、自治区、直辖市，自治区人民政府所在地市，国务院批准较大的市、经济特区，根据经济建设和国防建设融合发展的需要制定地方性法规（人大）和地方性规章（政府）。各层级法律遵从上位法大于下位法，后法大于前法，从高至低的顺序为宪法、基本法律、行政法规、规章、政策和规范性文件等，如图 1－1 所示。

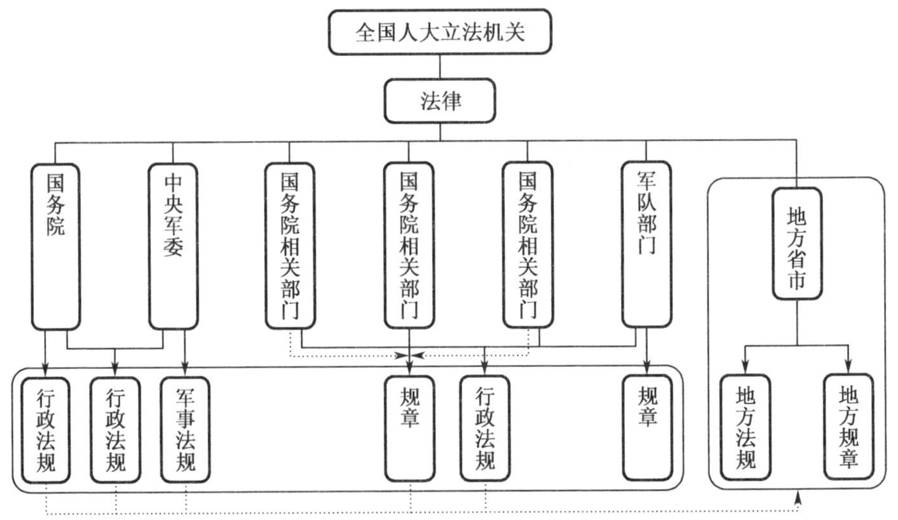

图 1－1　经济建设和国防建设融合发展政策制度和法律法规体系建设层次关系

(三)时间跨度

本书主要针对2000年以后的政策制度和法律法规文件。

第三节　研究目标与研究方法

一、研究目标

本书的预期研究目标有五个:

一是梳理我国经济建设和国防建设融合发展法律与政策制度和法律法规体系的总体建设状况。

二是分析我国“军转民”“民参军”和军民资源共享的工作现状与问题,总结面临的政策机制性障碍及需求。

三是分析我国“军转民”“民参军”和军民资源共享政策体系的现状与问题,重点研究政策空白领域、衔接环节缺陷、执行层面障碍等,提出完善这三方面政策体系的思路,这是本课题的重中之重,是课题实施过程中的重点方向。

四是梳理世界主要国家在“军转民”“民参军”和军民资源共享有关政策体系建设的典型做法与经验,为我国提供借鉴经验。

五是基于上述研究,从政策目标、思路、重点任务等方面,立足政府推进经济建设和国防建设融合发展工作的职责,提出下一步完善“军转民”“民参军”和军民资源共享法律体系和政策机制体系的思路和建议。

二、研究方法

(一)理论方法

本书主要采用比较研究、归纳总结、统计分析、政策分析等理论研究方法。其中,比较研究是指对近年来经济建设和国防建设融合发展相关的法律法规从时间跨度上进行纵向比较和从类别上进行横向比较;与美国、欧洲、日本等国家和地区经济建设和国防建设融合发展政策制度和法律法规的比较结果已放到政策建议中,文中鲜有罗列。归纳总结包括对国外经验的总结,对法律法规和具体的法条进行分析,总结成效和存在的问题。统计分析主要是梳理了国家及部委层面和地方省市有关法律法规与落实文件情况。政策分析是四维政策体系分析框架的核心,以政策执行客体(政策内容)为分析对象,由现行政策基本内容体系

构成。以“民参军”为例,政策基本内容体系主要包括准入政策、装备采购政策、税收政策、投资政策等,在政策分析框架构成中,有必要全方位考虑政策内容的各个方面。

(二)经验方法

本书经验研究方法主要是调查研究、专家访谈和企业访谈。调查研究包括文献调研、实地(园区)调研。专家访谈主要是对长期从事经济建设和国防建设融合发展业务工作的各领域代表专家进行了面谈和研讨,访谈内容主要是咨询目前他们在该领域政策制度和法律法规研究和实际工作中发现的问题,现有格局形成的历史背景、突破现有弊端的可能性以及他们的政策建议。

企业访谈主要是实地调查了军转民、民参军企业和代表性高技术产业基地。主要调研内容包括:一是“民参军”和“军转民”基本情况摸底了解;二是“民参军”和“军转民”过程中还存在什么样的问题;三是现行法规在支持“民参军”和“军转民”过程中还存在哪些不足之处,在执行过程中是否有问题;四是企业急切期盼的法规建设意见;五是国防知识产权转化存在的问题和障碍。

(三)时序演进分析

任何政策体系不是静止不动的,必然存在时序演进过程。政策时序演进分析的意义在于,可以根据大的政策里程碑,将过去到现在的政策演进划分为若干阶段,并研究发现这种演进的一般规律和特点,对未来的演进趋向做出判断。

例如,1996 年出台的《中华人民共和国促进科技成果转化法》规定,“单位应当从转让该项职务科技成果所取得的净收入中,提取不低于 20% 的比例,对完成该项科技成果及其转化做出重要贡献的人员给予奖励”。随着时代变迁和经济发展,该项规定已经不能适应目前的发展环境,在这样的背景下,2015 年新修订的《中华人民共和国促进科技成果转化法》将奖励比例提高至 50% 。

(四)政府层级分析

政府层级分析是指以政策的执行主体为分析对象。我国的政策执行主体主要由国家、省市等政府层级构成。

在国家层面,“军转民”“民参军”和军民资源共享政策主要由国家相关的法律法规、方针政策组成。国家相关的法律法规具有上位性,国家的方针政策既有指导性文件,又有操作性政策。

例如,《国务院 中央军委关于建立和完善军民结合、寓军于民武器装备科研生产体系的若干意见》(国发〔2010〕37 号),该文件是中华人民共和国成立以来

国务院、中央军委针对军民结合、寓军于民武器装备科研生产体系建设联合印发的第一份文件，被时任国务院总理温家宝同志评价为“方向性、战略性、指导性文件”。

在省市层面，省市政府出台的相关政策起着承上启下的政策链接作用，主要功能是根据国家相关的法律法规和方针政策，结合本地区实际，制定地方性政策。

（五）区域差异分析

发展的空间差异或布局不同是客观存在的现实，因此，各地方政策的差异性分析也就成为政策分析的一个不可缺少的部分。政策区域差异分析的意义在于，可以比较区域间的政策异同，探寻产生原因，并促进地区间相互学习借鉴；同时，可以分析区域的资源禀赋、发展阶段水平、文化差异等因素与区域空间布局、区域特色产业的关系，在国家政策的试点中统筹考虑区域差异，通过政策引导区域空间结构和布局合理化发展。

第二章 我国经济建设和国防建设融合法律与政策制度和法律法规体系的现状

第一节 经济建设和国防建设融合法律与政策制度和法律法规的总体状况

一、分层级出台法规情况

国务院、中央军委颁布十余项经济建设和国防建设融合相关政策制度和法律法规，涉及国防专利、国家知识产权战略、武器装备科研生产许可管理、武器装备质量管理、国防计量监督管理、民间资本进入国防科技工业领域、工业转型升级规划等内容，主要代表性、综合性的法律法规如表2－1所示。

部门层面，据不完全统计，综合性方面的文件至少有5项，涉及非公经济参与国防科技工业建设、国防科技工业投资改革、民用技术向军用转移等方面内容。专业性方面的文件分为10大类（共40余项文件）：一是参与武器装备科研生产及装备维修等；二是武器装备协作配套管理；三是成果与知识产权管理；四是基础科研和技术基础管理；五是民用企业参与军工能力建设；六是固定资产投资；七是军队物资采购；八是军民资源共享；九是军民结合产业发展；十是安全保密管理。

表2－1 代表性、综合性法规文件汇总表（不含地方）

类型	文件名称	颁布机关	年份
基本法律	《中华人民共和国促进科技成果转化法》	全国人大	1996
	《中华人民共和国国防法》		1997
	《中华人民共和国行政许可法》		2003
	《中华人民共和国国防动员法》		2010
	《中华人民共和国保守国家秘密法》		2010

表 2－1(续)

<table>
<tr><th>类型</th><th>文件名称</th><th>颁布机关</th><th>年份</th></tr>
<tr><td rowspan="14">中央政策制度和法律法规</td><td>《国防计量监督管理条例》</td><td>国务院
中央军委</td><td>1990</td></tr>
<tr><td>《中华人民共和国认证认可条例》</td><td>国务院</td><td>2003</td></tr>
<tr><td>《国防专利条例》</td><td rowspan="2">国务院
中央军委</td><td>2004</td></tr>
<tr><td>《国务院关于鼓励支持和引导个体私营等非公有制经济发展的若干意见》(老“非公”36 条)</td><td>2005</td></tr>
<tr><td>《国务院关于加快振兴装备制造业的若干意见》</td><td>国务院</td><td>2006</td></tr>
<tr><td>《武器装备科研生产许可管理条例》</td><td>国务院
中央军委</td><td rowspan="2">2008</td></tr>
<tr><td>《国家知识产权战略纲要》</td><td>国务院</td></tr>
<tr><td>《武器装备质量管理条例》</td><td rowspan="2">国务院
中央军委</td><td rowspan="2">2010</td></tr>
<tr><td>《国务院 中央军委关于建立和完善军民结合、寓军于民武器装备科研生产体系的若干意见》</td></tr>
<tr><td>《国务院关于鼓励和引导民间投资健康发展的若干意见》(新“非公”36 条)</td><td rowspan="2">国务院</td><td rowspan="2">2010</td></tr>
<tr><td>《国务院关于鼓励和引导民间投资健康发展的若干意见》</td></tr>
<tr><td>《军工关键设备设施管理条例》</td><td>国务院
中央军委</td><td>2011</td></tr>
<tr><td>《国务院关于印发工业转型升级规划(2011—2015 年)的通知》</td><td>国务院</td><td>2011</td></tr>
<tr style="display:none"></tr>
<tr><td rowspan="5">部门政策法规</td><td>《关于非公有制经济参与国防科技工业建设的指导意见》</td><td rowspan="4">原国防科工委</td><td rowspan="4">2007</td></tr>
<tr><td>《非公有制经济参与国防科技工业建设指南》</td></tr>
<tr><td>《深化国防科技工业投资体制改革的若干意见》</td></tr>
<tr><td>《国防科工委关于进一步推进民用技术向军用转移的指导意见》</td></tr>
<tr><td>《国防科工局 总装备部关于鼓励和引导民间资本进入国防科技工业领域的实施意见》</td><td>国防科工局
总装备部</td><td>2012</td></tr>
</table>

据不完全统计，进入2005年后，相关法规文件出台数量明显增加，出台文件最多的年份为2010年，其次为2007年。出台的法律法规既有综合性的也有专业性的；从行业和规范管理来看，国防科技工业管理部门出台的政策制度和法律法规数量最多；从数量和内容范围来看，国防科技工业管理部门出台的政策制度和法律法规与其他部门出台的法律法规有一定的相关性，体现出了上位法的引领和指导作用以及不同部门间的一定协调性。

二、主要政策制度和法律法规文件关系

主要政策制度和法律法规层次涉及全国人大或人大常委会、国务院、中央军委及其下属部门和地方人大或政府机关。其中全国人大或人大常委会制定的法律条文是各层级法律法规的基础指导性文件，其他各层级政策制度和法律法规则是基本法律文件的细化规范性文件。这从政策制度和法律法规出台数量和内容层次上已有充分体现。

国家及部委层面，除伴随国防科技工业和国民经济建设发展需要新制定的法规文件外，一些法规是已有文件的深化细化的指导文件，一些是依据基本法律新制定的法规文件，还有一些是对已有不合时宜的法规进行替代。

军队范围内出台的政策制度和法律法规主要以武器装备科研生产采购和综合社会保障等方面的内容为主。一些代表性政策制度和法律法规及关联关系如表2-2。

表2-2 代表性政策制度和法律法规及关联关系(不含地方)

独立的政策法规文件①		
序号	名称	发布时间、文件号等相关信息
1	《国防科技工业固定资产投资管理暂行规定》	2000年10月20日以科工法字〔2000〕717号文发布
2	《国防科技工业计量监督管理暂行规定》	2000年2月29日以科工委令第4号文发布
3	《国防科工委关于加强国防科技工业知识产权工作的若干意见》	2000年12月26日以科工技〔2001〕1073号文发布
4	《中国人民解放军装备管理条例》	2013年11月27日 中央军委发布
5	《军民通用车辆修理社会化保障规定(试行)》	2002年9月5日 总装备部发布

① “独立的政策法规文件”是指相关主管部门根据近年来经济建设和国防建设融合发展的新情况、新问题，制定的新法规和规章等。

表 2-2(续)

序号	名称	发布时间、文件号等相关信息
6	《国防科技工业技术基础科研管理办法》	2002 年以国防科工委令第 8 号文发布
7	《中国人民解放军装备采购条例》	2002 年 中央军委发布
8	《关于加强国家科技计划知识产权管理工作的规定》	2003 年 4 月 4 日以国科发政字〔2003〕94 号文发布
9	《中华人民共和国认证认可条例》	2003 年 9 月 3 日以中华人民共和国国务院令第 390 号文发布
10	《中国人民解放军装备预先研究条例》	2004 年 12 月 27 日 中央军委发布
11	《中国人民解放军装备科研条例》	2004 年 中央军委发布
12	《国防科工委关于加快建立现代造船模式的指导意见》	2004 年 11 月 26 日 科工三司〔2004〕1470 号文发布
13	《国务院关于鼓励支持和引导个体私营等非公有制经济发展的若干意见》	2005 年 2 月 19 日以国发〔2005〕3 号文发布(老“非公”36 条)
14	《国防科工委关于实行国防科技工业知识产权信息报送制度的通知》	2005 年 9 月 12 日 国防科工委发布
15	《军队物资招标管理规定》	2005 年 总后勤部发布
16	《关于深化装备采购制度改革若干问题的意见》	2006 年 总装、总后、总参、总政发布
17	《装备承制单位资格审查要求》(GJB 5713—2006)	2006 年 5 月 17 日 总装备部发布
18	《国务院关于加快振兴装备制造业的若干意见》	2006 年 6 月 16 日以国发〔2006〕8 号文发布
19	《国防科工委关于非国有企业军工项目投资管理有关问题的意见》	2006 年 7 月 24 日以科工财〔2006〕569 号文发布
20	《国防科技工业固定资产投资年度计划管理办法》	2006 年 11 月 9 日以科工计〔2006〕1020 号文发布
21	《武器装备科研生产协作配套管理办法》	2006 年 12 月 19 日以科工法〔2006〕1189 号文发布
22	《国防科工委关于大力发展国防科技工业民用产业的指导意见》	2007 年 1 月 30 日以科工计〔2007〕111 号文发布

表 2－2(续)

序号	名称	文件号
23	《非公有制经济参与国防科技工业建设指南》	2007 年 7 月 30 日以科工法〔2007〕179 号文发布
24	《武器装备科研生产许可管理条例》	2008 年 3 月 6 日 国务院、中央军委第 521 号文发布
25	《国家知识产权战略纲要》	2008 年 6 月 5 日以国发〔2008〕18 号文发布
26	《关于加强竞争性装备采购工作的意见》	2009 年 总装备部发布
27	《国防科技工业固定资产投资项目申报和审批若干规定》	2009 年 2 月 24 日以科工计〔2009〕233 号文发布
28	《非国有企业军工项目投资监管暂行办法》	2009 年 12 月 1 日以科工财审计〔2009〕1412 号文发布
29	《国防科工局基础科研管理办法》	2010 年 1 月 29 日以科工技〔2010〕136 号文发布
30	《国防科技工业安全保密监督管理规定》	2010 年 12 月 6 日以科工安密〔2010〕1658 号文发布
31	《国务院 中央军委关于建立和完善军民结合、寓军于民武器装备科研生产体系的若干意见》	2010 年 1 月 18 日 国发〔2010〕37 号文发布
32	《军工关键设备设施管理条例》	2011 年 6 月 24 日 国务院、中央军委第 598 号文发布
33	《国务院关于印发工业转型升级规划(2011—2015 年)的通知》	2011 年 12 月 30 日以国发〔2011〕47 号文发布
34	《工业和信息化部 财政部 国土资源部关于进一步做好国家新型工业化产业示范基地创建工作的指导意见》	2012 年 1 月 29 日以工信部联规〔2012〕47 号文发布
35	国防科工委关于印发《国防科技工业固定资产投资项目建议书编制规定》等三个规定的通知	2015 年 12 月 8 日以科工技〔2015〕1198 号文发布

表 2－2(续)

继承关系的法规文件①		
序号	上位法	下位法
1	《中华人民共和国宪法》	《中华人民共和国国防法》(1997 年 3 月 14 日以中华人民共和国主席令第 84 号文发布)
2		《中华人民共和国国防动员法》(2010 年 2 月 26 日第十一届全国人民代表大会常务委员会第十三次会议通过)
3		《中华人民共和国行政许可法》(2003 年 8 月 27 日以中华人民共和国主席令第 7 号文发布)
4	《中华人民共和国保守国家秘密法》	《武器装备科研生产单位保密资格审查认证管理办法》(2008 年 12 月 31 日以国保发〔2008〕8 号文发布)
5	《中华人民共和国合同法》	《国防科工委 总装备部关于印发〈武器装备配套产品订货合同文本〉的通知》(2008 年 1 月 2 日以科工经〔2008〕30 号文发布)
6	《中华人民共和国招标投标法》	《国防科技工业固定资产投资项目招标投标管理暂行办法》(2008 年 3 月 27 日以科工技〔2008〕39 号文发布)
7	《中华人民共和国专利法》	《国防专利条例》(2004 年 9 月 17 日以中华人民共和国国务院、中华人民共和国中央军事委员会令第 418 号文发布)
8	《中华人民共和国国防法》 《中华人民共和国产品质量法》	《武器装备质量管理条例》(2010 年 9 月 30 日以中华人民共和国国务院、中华人民共和国中央军事委员会令第 582 号文发布)
9	《中华人民共和国计量法》	《国防计量监督管理条例》(1990 年 4 月 5 日以中华人民共和国国务院、中华人民共和国中央军事委员会令第 54 号文发布)

① 这里的“继承关系”是指在法律法规内容中，明确指出了其法律或政策依据，则依据文件和本法就构成了继承关系。

表 2－2(续)

序号	上位法	下位法
10	《中国人民解放军装备采购条例》	《中国人民解放军装备承制单位资格审查管理规定》(2003 年 总装备部)
11		《中国人民解放军装备采购方式与程序管理规定》(2003 年 总装备部)
12		《中国人民解放军装备采购合同管理规定》(2003 年 总装备部)
13	《中国人民解放军政治工作条例》	《中国人民解放军文化装备管理规定》(2006 年 总政治部、总后勤部)
14	《国务院关于鼓励支持和引导个体私营等非公有制经济发展的若干意见》(2005 年 2 月 19 日以国发〔2005〕3 号文发布)(老“非公”36 条)	《国务院关于鼓励和引导民间投资健康发展的若干意见》(2010 年 5 月 13 日以国发〔2010〕13 号文发布)(新“非公”36 条)
15	《国务院关于鼓励和引导民间投资健康发展的若干意见》(国发(2010)13 号)	《国防科工局 总装备部关于鼓励和引导民间资本进入国防科技工业领域的实施意见》(科工计〔2012〕733 号)
16	《国务院关于鼓励支持和引导个体私营等非公有制经济发展的若干意见》(国发〔2005〕3 号)	《关于非公有制经济参与国防科技工业建设的指导意见》(2007 年 2 月 27 日以科工法〔2007〕179 号文发布)
17		《国防科工委 发展改革委 国资委关于推进军工企业股份制改造的指导意见》(2007 年 6 月 23 日以科工法〔2007〕546 号文发布)
18	《国务院关于投资体制改革的决定》(国发〔2004〕20 号)	《国防科学技术委员会关于深化国防科技工业投资体制改革的若干意见》(2007 年 4 月 13 日以科工计〔2007〕226 号文发布)

表 2－2(续)

序号	上位法	下位法
19	《国务院关于印发实施〈国家中长期科学和技术发展规划纲要〉(2006—2020 年)若干配套政策的通知》(国发〔2006〕6 号)	《国防科工委关于进一步推进民用技术向军用转移的指导意见》(2007 年 8 月 27 日以科工经〔2007〕885 号文发布)
20		《国防科工委关于加强国防科技资源共享的指导意见》(2008 年 2 月 3 日以科工技〔2008〕165 号文发布)
21		《关于进一步推动科研基地和科研基础设施向企业及社会开放的若干意见》(2006 年 12 月 31 日以国科发基字〔2006〕558 号文发布)
22	《国防科工委 发展改革委 国资委关于推进军工企业股份制改造的指导意见》	《军工企业股份制改造实施暂行办法》(2007 年 11 月 8 日以科工改〔2007〕1366 号文发布)
23	《中华人民共和国招标投标法》《国防科技工业固定资产投资项目招标投标管理暂行办法》	《国防科技工业固定资产投资项目招标投标管理暂行办法实施细则》(2011 年 4 月 8 日以科工财审〔2011〕265 号文发布)
	替代关系的法规文件	
1	《质量管理体系要求》(GJB 9001A—2001)	《质量管理体系要求》(GJB 9001B—2009)

三、国务院及其部门分领域主要法规情况

(一)固定资产投资领域

2007 年 1 月,《国防科技技术委员会关于深化国防科技工业投资体制改革的若干意见》(科工计〔2007〕226 号),强调在保持国家对军工核心能力有效控制和支持的同时,引入社会资本,推动投资和产权主体多元化,深入贯彻了经济建设和国防建设融合的思想。1998 年以来,国防科技工业领域先后出台了多个规范性指导文件,涉及固定资产投资领域有关项目招投标、投资项目申报和审批、项目竣工验收、非国有企业军工项目投资监管等 8 个方面规范性文件和细则,包括《国防科工委 发展改革委 国资委关于推进军工企业股份制改造的指导意见》(科工法〔2007〕546 号)、《国防科技工业固定资产投资项目申报和审批若干规定》

（科工计〔2009〕233 号）、《国防科技工业固定资产投资项目招标投标管理暂行办法实施细则》（科工财审〔2011〕265 号）等。上述政策使政府投资范围由向军工单位转为向军品能力投资，资金来源也由较单一的政府投资扩大到利用社会投资，同时规范了军工项目投资申报、审批、招投标以及监督检查等系列行为，使得经济建设和国防建设融合发展投资项目有据可依。

（二）市场准入和监管方面

2010 年 10 月，国务院、中央军委共同颁布《国务院 中央军委关于建立和完善军民结合、寓军于民武器装备科研生产体系的若干意见》（国发〔2010〕37 号，以下简称“37 号文”）。按时任国务院总理温家宝的批示，这是明确针对工业领域经济建设和国防建设融合发展的一份方向性、战略性、指导性文件，对引导社会资源进入武器装备科研生产领域、军民结合产业基地建设等方面给予了指引。为规范军品市场准入和退出，加强对从事武器装备科研生产单位的资质管理，2010 年工信部和总装备部出台了《武器装备科研生产许可实施办法》①，同年 9 月国防科工局发布《武器装备科研生产许可现场审查规则》（科工管〔2010〕1232 号）以及《武器装备科研生产许可监督检查工作规则》（科工管〔2010〕1240 号）。此外，国防科工局发布了《国防科技工业社会投资领域指导目录》（科工计〔2009〕1506 号），范围面向全国企事业单位。

在军工设备设施监管方面，2011 年 4 月 6 日，国务院常务会议审议并原则通过《军工关键设备设施管理条例》②，该条例颁布实施对保障军工关键设备设施的安全、完整和有效使用方面发挥了重要的管理和规范作用。

（三）军民技术转化方面

1998 年原国防科工委成立以来，陆续出台了《关于进一步推动科研基地和科研基础设施向企业及社会开放的若干意见》（国科发基字〔2006〕558 号）、《关于进一步推进民用技术向军用转移的指导意见》（科工经〔2007〕885 号）、《关于加强国防科技资源共享的指导意见》（科工技〔2008〕165 号）等一系列政策文件，对于武器装备研制生产使用先进的民用技术及标准，充分发挥科研院所、国防科技实验室和研究应用中心的作用，推动军民科研机构和资源共享方面发挥了重要指导作用，一定程度上促进了军用与民用技术的双向转移。

---

① 2010 年 3 月 31 日，以中华人民共和国工业和信息化部、中国人民解放军总装备部第 13 号令发布。

② 2011 年 6 月 24 日，以中华人民共和国国务院、中华人民共和国中央军事委员会第 598 号令发布。

（四）研发与生产能力方面

在基础科研方面，原国防科工委颁布了《国防科技工业技术基础科研管理办法》①，规范了国防科技工业技术基础科研管理工作；并于2010年1月颁布了《国防科工局基础科研管理办法》（科工技〔2010〕136号），进一步规范了基础科研计划与管理工作，目的在于建设先进的国防科技工业，增强自主创新能力，提升军工核心能力。

经国务院、中央军委批准，军品科研生产能力先后于1988年、1990年和2003年进行了三次调整。2003年原国防科工委出台了《国防科工委关于印发中央军工九大集团军品科研生产能力结构调整方案的通知》，军品科研生产能力结构调整到2005年基本完成，初步形成了“小核心、大协作”的武器装备科研生产能力格局。

（五）国防知识产权

在国防知识产权方面，原国防科工委制定了《国防科工委关于加强国防知识产权工作的若干意见》（科工技〔2001〕1073号）、《国防科技工业知识产权推进总体方案》《国防科工委关于实行知识产权信息报送制度的通知》等文件。科技部于2002年3月发布了《关于国家科研计划项目研究成果知识产权管理的若干规定》，2003年4月发布了《关于加强国家科技计划知识产权管理工作的规定》（国科发政字〔2003〕94号）。2004年国务院和中央军委联合发布了《国防专利条例》②，是国防知识产权管理的基本法规。为提升我国知识产权创造、运用、保护和管理能力，建设创新型国家，国务院又于2008年制定发布了《国家知识产权战略纲要》（国发〔2008〕18号）；为奖励在推动国防科学技术进步中做出突出贡献的单位和个人，鼓励自主创新，促进国防现代化建设和国民经济的发展，根据《国家科学技术奖励条例》及其实施细则，2010年工信部制定了《国防科学技术奖励办法》③。

（六）技术基础领域

在标准等公共技术服务方面，1990年国务院和中央军委颁布《国防计量监督管理条例》，原国防科工委发布《国家军用标准制定工作管理办法》《军工产品质

① 中华人民共和国国防科学技术工业委员会令第8号。

② 2004年9月17日，以中华人民共和国国务院、中华人民共和国中央军事委员会令第418号文发布。

③ 2010年5月29日，以中华人民共和国工业和信息化部令第14号文发布。

量管理条例》《国防科学技术情报工作条例》等。1998 年以后,原国防科工委在这些方面制定政策有 20 个,包括《国防科技工业专业标准化技术委员会章程》《国防科技工业计量监督管理暂行规定》《核、航天、航空、船舶、兵器行业标准编写规则》等。

(七)保密管理

目前,有关国防科技工业的保密方面的政策 10 余个,规定了在行业管理、具体工作中的一些保密要求。如 2005 年发布的《关于进一步加强国防科技工业安全保密工作的通知》《关于推进涉密信息系统分级保护工作的通知》等。2010 年出台了《国防科技工业安全保密监督管理规定》(科工安密〔2010〕1658 号),进一步规范强化了国防科技工业安全保密要求,初步形成了一套保密的相关法规政策。

四、地方主要政策制度和法律法规情况

为贯彻落实《国务院 中央军委关于建立和完善军民结合、寓军于民武器装备科研生产体系若干意见》(国发〔2010〕37 号),推动经济建设和国防建设融合发展,各级地方政府先后制定了促进军民结合产业发展的指导意见。同时,十八大以来,经济建设和国防建设融合发展成为国家重要战略部署后,许多地方启动了经济建设和国防建设融合发展深度发展战略规划工作,力求通过军事需求牵引地方经济发展。例如,仅国发〔2010〕37 号文出台后,地方相关的细则落实文件就多达 10 余项;涉及经济建设和国防建设融合发展市场准入的政策制度和法律法规有 20 多项,主要是就鼓励和引导民间投资、培育和发展战略新兴产业、贯彻落实军民结合、寓军于民武器装备科研生产的政策文件;涉及经济建设和国防建设融合发展公平市场环境的政策文件有 20 多项;关于军民结合产业基地建设的政策文件近 30 项,主要是战略新兴产业、工业经济、航空产业、高端装备制造业、船舶产业等领域;涉及金融扶持的政策文件有近 20 项。

整体来看,地方政策文件主要还是根据国务院及下属部委,尤其是工业和信息化部和国防科工局出台的政策制度和法律法规为基础出台的相应指导意见和实施意见。从内容上来,主要结合各地方实际状况,与具体产业相结合,制定相应的工作程序和扶持发展政策(详细法规条文见“各省(自治区、直辖市)支持军民结合产业发展的相关政策汇编”)。地方公开的已梳理的主要政策文件统计如表 2 - 3 所示:

表 2-3　地方出台法规数量统计(公开可查阅的)

省(自治区、直辖市)	政策制度和法律法规数量	省(自治区、直辖市)	政策制度和法律法规数量
北京	8	天津	4
河北	6	山西	3
辽宁	4	吉林	2
黑龙江	2	上海	5
江苏	5	浙江	10
安徽	7	福建	2
江西	8	山东	5
河南	4	湖北	7
湖南	6	广东	6
广西	3	海南	2
重庆	2	四川	7
贵州	2	云南	1
陕西	7	甘肃	5
新疆	3	合计	126

五、军队主要政策制度和法律法规情况

军队范围内以中央军委、军队各总部单独或联合形式为主体,制定出台相应的政策制度和法律法规,主要体现在军队武器装备采购以及综合保障方面。

第二节　法规建设成效

近年来国家出台的众多法规,对改善军民分割体制,促进高技术产业发展、国防科技创新体系形成、国防科技工业体系与制度建设等方面起到了重要推动作用。就法规自身建设而言,可以从以下几个方面归纳其取得的成效。

一、法规建设整体取得了较大的突破性进展

近年来,为推动国防科技工业体系开放,引入竞争机制,鼓励民企参与军队武器科研生产装备与综合保障体系建设,国务院、中央军委及其部门以及地方层

级制定出台了一系列政策制度和法律法规及相应落实文件。这些政策制度和法律法规及落实文件涵盖“民参军”“军转民”、军工集团股份制改造、跨部门协调等方面。

（一）民营企业有机会参与国防建设

国防科工局出台《非国有企业军工项目投资监管暂行办法》《涉军企事业单位重组上市军工事项审查暂行办法》等一系列管理办法，引导和鼓励社会资本进入国防科技工业建设领域。另外，国家及部委还出台了《国务院关于鼓励支持和引导个体私营等非公有制经济发展的若干意见》《〈关于非公有制经济参与国防科技工业建设的指导意见〉以及指南文件》《国防科工局 总装备部关于鼓励和引导民间资本进入国防科技工业领域的实施意见》（以下简称《实施意见》）、《国防科工委关于进一步推进民用技术向军用转移的指导意见》等政策。尤其是《实施意见》提出，要按照走中国特色经济建设和国防建设融合发展式发展路子的要求，坚持积极鼓励、正确引导、同等对待、确保安全的原则，吸引和鼓励民间资本进入国防科技工业领域，在许可进入、任务竞争、税收优惠等方面对民间投资主体与国有军工企业实行同等待遇，进一步扩大民间资本进入国防科技工业领域和范围①。通过这些政策制度和法律法规建设，在体制上明确了民口企业参与武器装备科研生产的权利以及应承担的责任和义务，改变了过去“民参军”没有依据和制度保障的体制障碍。

（二）推动了军用技术向民用领域转化

伴随《国防科工委 发展改革委 国资委关于推进军工企业股份制改造的指导意见》《军工企业股份制改造实施暂行办法》和《中介机构参与军工企事业单位改制上市管理暂行规定》等政策制度和法律法规的出台，军工企业市场潜力被进一步激活，引导和推动了“小核心、大协作、寓军于民”体系建设，为改变国防科技工业体系单一军品格局、寓军于民、服务国民经济建设甚至“军转民”都提供了相应的政策制度和法律法规依据。

（三）推动了跨部门工作机制形成

一段时间以来，国防科工局、总装备部在规划、布局、运行协调、监督等方面均存在不统一的情况，二者在管理上存在交叉地带。国防科工局也难以真正做到面向全国调动军口和民口资源，军口和民口管理部门都在不同角度支持高新

---

① 佚名.鼓励民间资本进入国防科工领域[N].解放军报，2012－7－22(6).

技术，其中有相当数量属于军民两用范畴。这使得克服重复建设、避免资源浪费、协调管理存在很大阻力。2010 年 10 月，国发〔2010〕37 号文印发，对引导社会资源进入武器装备科研生产领域、军民结合产业基地建设等方面给予了指引，尤其是在构建不同部门协调机制方面起到了重要推动作用。2011 年 8 月，国务院办公厅、中央军委办公厅发文成立“军民结合、寓军于民武器装备科研生产体系建设部际协调小组”，该小组由国务院和军队领导机关的 23 个部门组成，部际协调小组办公室设在工业和信息化部军民结合推进司，对经济建设和国防建设融合发展业务发展、调动军口和民口资源协作方面起到了重要推动作用。尽管没能有效打破部门分割，但协调机制初显成效，为进一步制定相应的政策法规提供了经验基础。

二、法规内容建设向广度和深度迈进

近年来，随着党和国家领导人在不同时期对经济建设和国防建设融合发展的论述不断深化，法规内容建设也愈加全面。一些政策制度和法律法规制定经过多次规划、调研、论证，内容更加深入，对一些不合时宜的法规和标准进行了及时修订，可操作性进一步提高。同时，法规建设也体现了形势发展的需要，更具前瞻性。

（一）法规建设内容涵盖了国防科技工业体系主要领域

近年来，新制定出台的专项政策制度和法律法规文件涵盖了军工核心领域。过去中国的国防科技工业体系实际上主要是由 11 大军工集团为主体的军工企事业单位构成的。伴随相关政策文件出台，国防科技工业主体的涉及范围逐步扩大，除军工集团外，还扩大至多家民口企业，初步实现了“小核心、大协作”的国防科技工业体系。在此过程中，出台了系列涵盖卫星应用、航空航天、船舶、卫星导航、核能、装备制造等军工核心领域的政策制度和法律法规。比如《关于促进卫星应用产业发展的若干意见》《国务院办公厅关于印发国家卫星导航产业中长期发展规划的通知》《国防科工委关于加快建立现代造船模式的指导意见》《国务院关于加快振兴装备制造业的若干意见》等，这些政策对于规范和引导相关产业改革发展方向，制定行业发展战略，发挥了引领和指导作用。

（二）既注重原则指导，又重视可操作执行

“十五”时期，一些专家认为现有法规原则性指导性文件过多，而实际可操作性的文件较少。针对这一现象，在近年来出台的政策制度和法律法规在指导规范的基础上，通过实际调研、专家论证等方式，深化细化了一系列政策制度和法

律法规。例如2010年出台的国发〔2010〕37号文就是一个典范。为了促使政策文件更能贴近实际，切实解决问题，起草过程紧紧围绕胡锦涛提出的“四个体系”①，调研了全国2 000多家参与武器装备科研生产的企事业单位，随后又多方研讨征求意见，才最终推出。对引导社会资源进入武器装备科研生产领域、军民结合产业基地建设等方面给予了指引。据不完全统计，截至2012年，共20余个省市出台了产业发展规划或军民结合实施意见。运行三年后，在强化政策引导、落实行业规划、推动军民共享、促进军民结合产业发展方面做了大量工作，充分调动了政府、军队、地方等各方面的积极性。再例如，2008年国防科工局出台《国防科技工业固定资产投资项目招标投标管理暂行办法》后，根据法规实践运行情况，于2011年又出台了《国防科技工业固定资产投资项目招标投标管理暂行办法实施细则》，再结合《中华人民共和国招标投标法》，国防科技工业招投标法规政策可操作性大大提高，体系不断完整。

三、法规体系结构更趋合理

相比过去，经济建设和国防建设融合发展政策制度和法律法规体系结构更加合理，由过去针对某一突出问题推出单一政策向政策制度建设体系化、结构化方向发展。

（一）法规体系建设纵向层次分明

法规体系建设层次高中低全面覆盖。10余年来，出台的政策制度和法律法规既有国家立法层面的法律文件，也有国务院、中央军委及其部门层面的政策文件，还有地方省市层级的落实指导意见或实施意见。人大立法层面直接相关联的包括国防法、成果转化法、合同法、招投标法、专利法、计量法、产品质量法、国防动员法和保密法等，这些基础法律是其他层级政策制度和法律法规文件的制定基础，也是其他综合性、专业性和专项法规的政策依据，一定程度上改变了经济建设和国防建设融合发展政策制度和法律法规体系整体立法层次较低的问题。

国家及部门法规层面，据不完全统计，围绕国防和军队现代化建设发展需要，已出台了近百项政策制度和法律法规文件，涉及军工科研、生产、综合保障等各个环节。

---

①　2010年7月24日，胡锦涛总书记在中央政治局第十五次集体学习时强调，要“建立和完善军民结合、寓军于民的武器装备科研生产体系、军队人才培养体系和军队保障体系，完善国防动员体系，不断开创经济建设和国防建设融合发展式发展新局面”，简称“四个体系”。

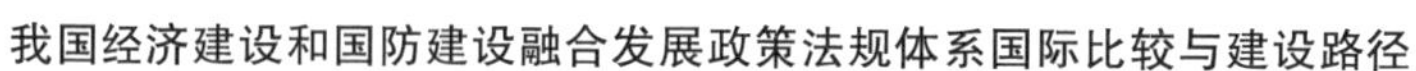

为配合国务院、中央军委及其部门制定的政策制度和法律法规文件,地方省市层级也出台系列落实文件。例如围绕国务院、中央军委《国务院关于鼓励支持和引导个体私营等非公有制经济发展的若干意见》(业内称老“非公”36 条)和《国务院关于鼓励和引导民间投资健康发展的若干意见》(业内称新“非公”36 条)以及国发〔2010〕37 号等文件,20 多个省市出台了具体的实施意见,对非公参与军工科研生产及投资制定了较为完整的政策体系。地方出台的政策制度和法律法规更多体现了区域特色和发展实际,产业化保障需求特点明显,在一定程度上形成了对国家政策的有效补充。

(二)政策制度和法律法规体系横向模块逐步完整

目前,政策制度和法律法规体系已经形成综合性法规、专业性法规和专项法规并存的局面。在国务院、中央军委颁布的国防专利、国家知识产权战略、武器装备科研生产许可管理、武器装备质量管理、国防计量监督管理、民间资本进入国防科技工业领域、国防科技工业转型升级等国家层面政策文件基础上,部门层面出台了多项综合性政策文件、专业性政策文件和专项文件。这与美国的经济建设和国防建设融合发展法律法规体系总体状况十分相似,所不同的是,这种法规体系在中国主要以政策的形式存在和运行,而在美国则主要以基本法和专项法形式存在。但这也充分反映了中国经济建设和国防建设融合发展政策制度和法律法规体系在逐渐完善中。

综合性政策法规方面,例如,2007 年国防科工委出台的《关于非公有经济参与国防科技工业建设的指导意见》《国防科工委关于进一步推进民用技术向军用转移的指导意见》以及 2012 年国防科工局和总装备部联合印发的《国防科工局总装备部关于鼓励和引导民间资本进入国防科技工业领域的实施意见》等,均是引导“民参军”的综合性政策文件。这些文件在许可进入、任务竞争、税收优惠等方面强调民间主体与军工企业实行同等待遇,同时也明确了进入的领域范围以及进入方式,为民口企业参与军工科研生产指明了方向。

专业性政策主要是在某一具体方面出台的文件,如在准入管理、武器装备协作配套管理、知识产权、基础科研和技术基础管理、招投标等方面出台了大量专业性法规文件。例如《武器装备科研生产许可实施办法》文件,没有限定军口或者民口企业,而是在许可条件上做明确规范;《军队物资采购监督管理规定》则明确了采购物资的范围、采购管理体制,对军队物资采购行为进行了规范。

专项政策方面,主要针对长期以来制约军地双方融合发展的顽疾出台政策文件。例如《国防科工委关于加强国防科技资源共享的指导意见》《关于进一步推动科研基地和科研基础设施向企业及社会开放的若干意见》是专门针对军民

资源不对称而出台的政策;2011 年出台的《国防科技工业固定资产投资项目招投标管理暂行办法实施细则》则是针对招投标管理办法和国家招投标法在国防科技领域的实施细则,使得指导性和可操作性大幅改善。又如针对经济建设和国防建设融合发展式发展载体缺乏及信息不对称问题,2012 年出台了《工业和信息化部 财政部 国土资源部关于进一步做好国家新型工业化产业示范基地创建工作的指导意见》,通过产业基地建设,各产业基地军民结合成效显著,促进了军民结合产业集聚化发展;通过公共服务平台建设,军民信息互通共享机制逐步建立起来。尤其是 2012 年 7 月 26 日,国务院、中央军委颁布的《统筹经济建设和国防建设"十二五"规划》(国发〔2010〕38 号文)文件,是我国第一部统筹经济建设和国防建设的专门性法规,该规划文件明确了今后一个时期统筹经济建设和国防建设的指导思想、目标任务、重点领域和保障措施,确定了一批对经济建设和国防建设有明显带动效应的重大突破性工程项目;也是我国经济建设和国防建设融合规划建设从总体规划到专项规划的重要突破。

四、法规系统化程度更高

总体来看,政策制度和法律法规建设的系统性程度明显提高。主要体现在:

一是在部分领域高端关联的政策文件同步推出。在推动政策文件制定颁布的同时,基础法律也在积极推进,地方落实执行文件也同步推出,且各层次许多政策法规之间存在高度关联性,显著增强了国家和部委层面各项政策法规的落实执行效果。据不完全统计,近年来有严格关联关系的法规政策文件近 40 余项,涉及招投标、专利、质量管理、非公参军、军工企业股份制改造,以及保密等领域。比如工业领域出台了《国防科工委关于大力发展国防科技工业民用产业的指导意见》,但考虑民口企业与军工企业享有的资源不对等,又出台了《国防科工委关于加强国防科技资源共享的指导意见》,体现了政策文件的相互依存衔接。

二是法规、规章及规范指导性文件同步推进。例如,在《中华人民共和国产品质量法》和《中华人民共和国国防法》基础上,结合当前装备采购要求,更新了《质量管理体系要求》(GJB 9001B—2009),并于 2010 年出台了《武器装备质量管理条例》;2006 年《军工电子计量技术机构建立认定管理办法》与《军工电子计量技术机构建立认定实施细则》同步推出;在出台系列"民参军"准入政策的同时,又出台了相应的军用标准文件;在出台《国防科技工业固定资产投资管理暂行规定》后又于 2011 年出台了项目竣工验收实施细则;在出台《国防科技工业社会投资项目核准和备案管理暂行办法》的同时,同步推出了社会投资领域指导目录文件。这一政策制定规则使得政策落实效率明显提高。

三是军地多部门联合决策,政策制度和法律法规建设的全局观显著改善。

经济建设和国防建设融合发展政策制度和法律法规一些是国务院和中央军委联合发布的，一些是国防科工局联合国家发改委、国资委等部门联合发布的，还有一些则是国防科工局和总装备部共同发布的。

五、法规建设呈现出更加科学合理的发展趋势

从近年来政策制度和法律法规建设情况来看，高级化是一个典型特征，主要表现在：一是法规层级有逐步上升的趋势；二是法规建设质量高水准亮相；三是法规内容呈深化细化发展趋势；四是法规供给时效性增强。

（一）法规层级越来越高

首先，对各领域经济建设和国防建设融合发展式发展产生直接影响或成为相关政策法规制定依据的基础法律文件整体呈增长趋势，本身就说明该领域法规层级立法层次较高；其次，相关部门正在调研论证建立经济建设和国防建设融合发展式发展法以及其他相关经济建设和国防建设融合发展方面的法律；再次，大量政策法规出自国务院、中央军委所属各部门，法规的全局性、针对性较好。

（二）法规建设质量越发精细化

经济建设和国防建设融合发展是军民结合在理论内涵和实践发展上的升华，涉及面广、内容复杂。为保证法规建设高质量高水准，新规出台前的深入调研、论证已经形成常态化，法规建设研究工作也一直进行，这使得既有矛盾和新问题能得到及时反馈。国发〔2010〕37 号文的制定就是一个很好的例证，推出之后，之所以能取得较好的政策效果，与政策制定前的充分调研、论证和修正密不可分。

（三）法规内容越发具体化

多项政策法规的指导文件或指导意见与实施细则或意见同步或先后出台，使得政策可操作性明显改善。如“民参军”准入管理这一方面就出台了多项政策文件，涉及许可实施办法、许可现场审查规则、监督检查工作规则和保密资格审查认证管理办法等；固定资产投资领域则更多，出台的政策法规超过 10 项。通过在一个方面连续出台政策法规的方式把政策体系做得更加扎实，更加细化，具有更好的可操作性，更具备实践指导意义。

（四）法规供给越发及时

近年来，随着国防与军队现代化建设和国民经济建设发展需要，法规建设与

形势结合更加明显。这主要表现在两个方面:一是对原有过时的政策法规进行修订;二是新制定符合新形势发展需要的政策法规。例如,用《质量管理体系要求》(GJB 9001B—2009)替代 2001 年的《质量管理体系要求》(GJB 9001A—2001);结合"小核心、大协作"发展要求,出台国发〔2010〕37 号文。为进一步激发国防科技工业创新活力,还制定了《关于加强国家科技计划知识产权管理工作的规定》《国家知识产权战略纲要》和《国防科学技术奖励办法》等政策文件;结合国防与军队现代化建设"四个体系"要求,全国人大立法机关于 2010 年通过了《中华人民共和国国防动员法》;结合严峻的保密形势,于 2010 年修订了《中华人民共和国保守国家秘密法》。

第三章
我国经济建设和国防建设融合工作成效及问题

第一节　我国“军转民”现状及政策措施

本章首先从成就和问题两方面，研究梳理我国“军转民”的工作现状，然后从政策的角度对形成“军转民”障碍的深层次原因进行剖析，在此基础上针对问题提出完善“军转民”政策的思路。

一、“军转民”工作现状

我国“军转民”工作整体上呈现出“产业发展喜人、成果转化不足”的特点。

(一)“军转民”成就

市场化改革的不断深入以及经济建设和国防建设融合战略的实施，激发了国有军工企业发挥自身优势发展民用产业、促进地方经济发展的积极性，使得我国军工民品产业发展迅速、市场竞争力明显增强、军工带动地方经济发展的效应初步显现。

一是军工民品产值快速增长，经济结构不断优化。通过能力结构调整和改革，我国军工行业实现了单一军品结构向军民结合型结构的转变。近年来，军工集团公司民品收入快速增长，高于全国规模以上工业企业增速，民品产业结构进一步优化，高技术产业占民品比重超过一半。以核、航天、安保、电子信息、新能源等为代表的高技术装备出口规模不断增加，军工企业已经基本形成一批具有竞争力的军民结合型军工集团，民品发展已成为军工单位持续稳定发展的基础和支撑力量。

二是军工集团产业特色优势和市场竞争力明显增强。军工集团在经济建设和国防建设融合产业发展的过程中，依托军工高技术优势，积极探索先进发展模式，积极进军战略性新兴产业，全方位参与国民经济建设和产业结构转型，从最初的民品

遍地开花，到聚焦民品主导产业，形成了具有自身特色优势和市场竞争力的产业。

三是军地互动融合明显加强，依托国家发展的效应初步显现。一方面，国家经济技术开发区、新型工业化产业示范基地、高新技术产业开发区等基地和园区，军工集团主动出击，纷纷与地方政府签订战略合作协议，形成了军工科研力量和地方经济发展紧密结合的良好局面。另一方面，地方依托区域军工优势，积极发展高技术产业，推动高技术产业集聚化、规模化发展，有效带动了地方经济的发展。

（二）“军转民”问题

“军转民”的主要对象是国防高科技成果，尽管我国在军工民品产业规模方面取得了较好的成绩，但是由于国防知识产权、军工单位考核等制度的缺陷，我国军工体系内积累的大量国防高科技成果未能有效转化，影响了我国“军转民”工作的质量。

一是军工高科技成果转化率不高，对国民经济的带动作用不足。经过多年发展，军工积累了大量的先进技术，这些技术一方面直接支撑了军工民用产业的发展，另一方面也通过产业链条辐射带动了国民经济的发展，在卫星应用、商用飞机研制与市场化、民用核燃料供应、重型车辆制造、大型钢结构、国家信息化建设等方面发挥了重要作用。但是，总体上看，军工科技成果向国民经济领域的应用转化数量有限，转化质量不高，尤其高端产业发展不足。

二是军工企业发展与国防密切相关的高技术产业不足。一方面，近年来虽然军工经济总体规模不断壮大，但出于业绩考核等多方面原因，军工集团公司一定程度上过于追求经济规模的扩张，过度发展与国防不相关产业，如房地产、金融等业务板块等。美欧等国家和地区主要军工企业，其民用产业中与国防相关产业规模远远高于与国防不相关产业。另一方面，不少军工单位在大力开展国防装备研制的同时，对与之相关的服务产业重视不足。美国国防服务已经成为国防工业企业的一项主要职能，与武器装备供应一起成为国防工业企业的两项并重业务。据统计，21 世纪以来美国国防部每年签出的服务合同不断上升，2010 年服务合同额为 1 610 亿美元，占各类合同总额的 44%，与装备采购合同额（1 660 亿美元）基本持平，主要军工企业中，L－3 通信公司、通用动力公司服务合同占比分别达到 69% 和 33%。

二、“军转民”政策措施出台情况

随着经济建设和国防建设融合发展内涵与外延的不断丰富完善，经济建设和国防建设融合发展相关的政策制度和法律法规体系越发庞大，对军转民政策制度和法律法规体系研究需要对既有的主要法律法规进行梳理。表 3－1 是国家层面、主要部委层面颁发的有关“军转民”的法律法规体系。

表 3-1　有关“军转民”的法律法规体系

文件名	年份	文件号	主要内容
《中华人民共和国保守国家秘密法》	1988	中华人民共和国主席令第 28 号文发布，2010 年 4 月 29 日修订	**第二章第十条**　国家秘密的密级分为绝密、机密、秘密三级。 **第二章第十五条**　国家秘密的保密期限，应当根据事项的性质和特点，按照维护国家安全和利益的需要，限定在必要的期限内；不能确定期限的，应当确定解密的条件。国家秘密的保密期限，除另有规定外，绝密级不超过三十年，机密级不超过二十年，秘密级不超过十年。 **第二章第十九条**　国家秘密的保密期限已满的，自行解密。机关、单位应当定期审核所确定的国家秘密。对在保密期限内因保密事项范围调整不再作为国家秘密事项，或者公开后不会损害国家安全和利益，不需要继续保密的，应当及时解密；对需要延长保密期限的，应当在原保密期限届满前重新确定保密期限。提前解密或者延长保密期限的，由原定密机关、单位决定，也可以由其上级机关决定
《国务院办公厅转发国防科工委关于促进军工技术向民用转移和组织军工力量为沿海地区经济发展战略服务的建议的通知》	1988	国办发〔1988〕75 号	（二）经济综合部门随着职能的转变，对军转民工作逐步转向以间接调控为主。军转民工作，由各军工行业部门负责。国家计委负责在计划安排中对军工各部门重点民品科研、技术开发项目和经费的分配予以支持；国家科委负责军工技术与星火计划实施的结合；国防科工委负责军工技术的解密、信息交流，组织协调军工技术开发和转让工作。国家计委、国家科委和国防科工委要密切配合，从方针、政策和发展方向上加以引导，采取多种形式沟通军民之间的联系，组织跨部门、跨地区重大项目的协调，促进高技术产业化，推动军工各部门之间、军工各部门与各地区之间的合作，为军转民工作向纵深发展创造良好的环境。 （三）把国防科技优势同沿海地区的资金、劳动力、开放政策和国际市场信息优势结合起来。组织国防科研、生产单位对沿海地区引进项目的消化、移植和翻版，组织内地及军工企业生产的民用产品和技术的出口，组织替代进口产品的开发生产。军工部门要根据沿海地区经济发展需要，组织整理一批项目，促进军工企事业单位与有关地区或企业开展合作，发展一批附加价值较高的技术密集型产品，进入国际市场进行竞争。 （四）军工各部门要加强合作，发挥军工力量的整体优势，积极参与制定地区、行业的经济技术发展战略、规划和重大项目的综合论证；支持企业和科研院所联合承包能源、交通等重大工程，承担重大引进项目的消化、吸收、翻版，承揽国外重大工程项目等。 （五）加强同银行等金融部门的合作。短期见效的项目，主要靠发展技术市场，促进军工企事业单位与民用企业联合，以技术入股方式或军工企业自筹资金进行开发。对于国民经济发展和技术进步意义比较重大，需要进行军工技术二次开发，周期较长的项目，予以贴息贷款或进行风险投资

表 3-1(续)

文件名	年份	文件号	主要内容
《国务院办公厅转发国防科工委关于促进军工技术向民用转移和组织军工力量为沿海地区经济发展战略服务的建议的通知》	1988	国办发〔1988〕75 号	(六)改革和完善运行机制。促进国防科技力量为沿海地区经济发展战略服务的关键是要解决军工企业和研究院所长期吃大锅饭的问题,建立以国内外市场为导向,适应市场竞争的运行机制。军工科研单位要积极贯彻《国务院关于深化科技体制改革若干问题的决定》(国发〔1988〕29 号文件)。主管部门要制定具体措施,鼓励国防科技工业单位采取多种形式创办中外合资企业和与地方企业、乡镇企业开展横向联合,组织国防科技力量投入沿海地区经济建设。 (七)加强组织领导。各地区、各部门要加强对军转民工作的组织领导,特别是在军工部门机构调整、转变职能的过程中,不要削弱对军转民工作的领导。各部门内部要明确一个归口管理单位,在人员编制和机构配置上统筹兼顾军民两个方面,从组织上保证国防科技发展与经济建设的有机结合
《促进科技成果转化法》	1996	1996 年 5 月 15 日以中华人民共和国主席令第 68 号	**第二章第十四条** 国家设立的研究开发机构、高等院校所取得的具有实用价值的职务科技成果,本单位未能适时地实施转化的,科技成果完成人和参加人在不变更职务科技成果权属的前提下,可以根据与本单位的协议进行该项科技成果的转化,并享有协议规定的权益。该单位对上述科技成果转化活动应当予以支持。科技成果完成人或者课题负责人,不得阻碍职务科技成果的转化,不得将职务科技成果及其技术资料和数据占为己有,侵犯单位的合法权益。 **第三章第二十一条** 国家财政用于科学技术、固定资产投资和技术改造的经费,应当有一定比例用于科技成果转化。科技成果转化的国家财政经费,主要用于科技成果转化的引导资金、贷款贴息、补助资金和风险投资以及其他促进科技成果转化的资金用途。 **第三章第二十三条** 国家金融机构应当在信贷方面支持科技成果转化,逐步增加用于科技成果转化的贷款。 **第四章第二十六条** 科技成果完成单位与其他单位合作进行科技成果转化的,应当依法由合同约定该科技成果有关权益的归属。合同未做约定的,按照下列原则办理:(一)在合作转化中无新的发明创造的,该科技成果的权益,归该科技成果完成单位;(二)在合作转化中产生新的发明创造的,该新发明创造的权益归合作各方共有;(三)对合作转化中产生的科技成果,各方都有实施该项科技成果的权利,转让该科技成果应经合作各方同意。 **第四章第二十九条** 科技成果完成单位将其职务科技成果转让给他人的,单位应当从转让该项职务科技成果所取得的净收入中,提取不低于百分之二十的比例,对完成该项科技成果及其转化做出重要贡献的人员给予奖励

表 3－1(续)

文件名	年份	文件号	主要内容
《中华人民共和国国防法》	1997	1997 年 3 月 14 日以中华人民共和国主席令第 84 号	**第五章第三十条**　国防科技工业实行军民结合、平战结合、军品优先、以民养军的方针。国家统筹规划国防科技工业建设，保持规模适度、专业配套、布局合理的国防科研生产能力。 **第五章第三十一条**　国家促进国防科学技术进步，加强高新技术研究，发挥高新技术在武器装备发展中的先导作用，增加技术储备，研制新型武器装备。 **第五章第三十二条**　国家对国防科研生产实行统一领导和计划调控。国家为承担国防科研生产任务的企业事业单位提供必要的保障条件和优惠政策。地方各级人民政府应当对承担国防科研生产任务的企业事业单位给予协助和支持。 **第五章第三十三条**　国家采取必要措施，培养和造就国防科学技术人才，创造有利的环境和条件，充分发挥他们的作用。国防科学技术工作者应当受到全社会的尊重。国家逐步提高国防科学技术工作者的待遇，保护其合法权益。 **第五章第三十四条**　国家根据国防建设的需要和社会主义市场经济的要求，实行国家军事订货制度，保障武器装备和其他军用物资的采购供应
《关于加强军工科研院所与企业结合进一步促进军转民工作的若干意见》	1997	国发〔1997〕28 号	三(三)积极鼓励创办高新技术企业。按照《国务院关于批准国家高新技术产业开发区和有关政策规定的通知》(国发〔1991〕12 号)等文件的有关规定，军工科研院所以支柱产品为基础创办具有法人资格的高新技术企业，经省级科委认定后，可享受国家给予高新技术企业的优惠政策。已不承担或基本不承担军品任务的科研院所应逐步转变为企业，或进入企业集团，成为企业集团的开发机构。鼓励军工科研院所与企业以股份制的形式组成实体。实行企业化管理的军工科研院所，经核定后仍可享受国家给予科研事业单位的各项政策。 三(四)大力支持科技企业的发展。转化为企业的军工科研院所和军工科研院所创办的科技企业，除可同其他企业一样向银行借贷流动资金外，其开发新产品、新技术、新工艺所发生的各项费用，不受比例限制，计入民品管理费用；其技术开发费用年增长幅度在 10% 以上的，还可再按实际发生额的 50% 抵扣应税所得额；在技术转让过程中发生的与技术转让有关的技术培训、技术咨询、技术服务所得，年净收入在 30 万元以下的，暂免征所得税

表 3-1(续)

文件名	年份	文件号	主要内容
《国防科技工业民用专项科研管理办法》	2002	国防科工委 财政部 科工法〔2002〕534 号	**第二条** 民用专项科研是指由国家财政资金支持的，针对国防科技工业民用航天、民用飞机、民用高技术船舶、核能开发、军转民技术开发进行的工程技术开发和应用科学研究活动。 **第五条** 国防科学技术工业委员会(以下简称国防科工委)归口管理民用专项科研工作；有关部门和单位(含国务院有关部门、省、自治区、直辖市、国家计划单列单位、国防科工委委管单位，下同)负责管理本部门(地区、单位)的民用专项科研工作
《中华人民共和国行政许可法》	2003	2003 年 8 月 27 日以中华人民共和国主席令第 7 号	**第二章第十二条** 下列事项可以设定行政许可：(一)直接涉及国家安全、公共安全、经济宏观调控、生态环境保护以及直接关系人身健康、生命财产安全等特定活动，需要按照法定条件予以批准的事项； **第二章第十三条** 本法第十二条所列事项，通过下列方式能够予以规范的，可以不设行政许可：(一)公民、法人或者其他组织能够自主决定的；(二)市场竞争机制能够有效调节的；(三)行业组织或者中介机构能够自律管理的；(四)行政机关采用事后监督等其他行政管理方式能够解决的
《国防专利条例》	2004	2004 年 9 月 17 日以中华人民共和国国务院、中华人民共和国中央军事委员会令第 418 号	**第一章第二条** 国防专利是指涉及国防利益以及对国防建设具有潜在作用需要保密的发明专利。 **第一章第三条** 国家国防专利机构(以下简称国防专利机构)负责受理和审查国防专利申请。经国防专利机构审查认为符合本条例规定的，由国务院专利行政部门授予国防专利权。国务院国防科学技术工业主管部门和中国人民解放军总装备部(以下简称总装备部)分别负责地方系统和军队系统的国防专利管理工作。 **第一章第四条** 涉及国防利益或者对国防建设具有潜在作用被确定为绝密级国家秘密的发明不得申请国防专利。国防专利申请以及国防专利的保密工作，在解密前依照《中华人民共和国保守国家秘密法》和国家有关规定进行管理。 **第一章第五条** 国防专利权的保护期限为 20 年，自申请日起计算。 **第一章第六条** 国防专利在保护期内，因情况变化需要变更密级、解密或者国防专利权终止后需要延长保密期限的，国防专利机构可以做出变更密级、解密或者延长保密期限的决定；但是对在申请国防专利前已被确定为国家秘密的，应当征得原确定密级和保密期限的机关、单位或者其上级机关的同意。被授予国防专利权的单位或者个人(以下统称国防专利权人)可以向国防专利机构提出变更密级、解密或者延长保密期限的书面申请；属于国有企业事业单位或者军队单位的，应当附送原确定密级和保密期限的机关、单位或者其上级机关的意见

表 3-1(续)

文件名	年份	文件号	主要内容
《国务院关于加快振兴装备制造业的若干意见》	2006	国发〔2006〕8号	(十七)加强对振兴装备制造业的组织领导。在国务院统一领导下,由发展改革委负责振兴装备制造业的组织领导和协调工作,其职能主要是:组织编制国家重大技术装备规划,协调重大相关政策,推进重大技术装备国产化的落实,完成国务院交办的其他任务。 (二十)国防科技装备制造业,比照本意见执行
《深化国防科技工业投资体制改革的若干意见》	2007	科工计〔2007〕226号	8. 扩大社会投资领域,实行分类管理。在确保国防安全的前提下,尽可能扩大社会对国防科技工业投资的领域。根据产品在类型、层次和科研生产阶段等方面的有关要求,在综合权衡国防安全和保密规定、军品科研生产能力结构布局、社会公共利益、军民通用程度等因素的基础上,将投资领域分为放开类、限制类和禁止类。其中放开类,鼓励社会资本进入,不限投资比例;限制类,允许社会资本进入,但重要领域须由国家控股;禁止类,实行国有独资。国务院国防科技工业主管部门要会同军队武器装备主管部门,适时制订、颁布《社会投资领域指导目录》。 9. 建立健全项目审批制、核准制和备案制。凡是有政府投资参与的建设项目,均实行审批制。其中,采取直接投资和资本金注入方式的,仍执行项目建议书、可行性研究报告等审批和管理规定;采取投资补助、贷款贴息方式的,只审批资金申请报告。对未使用政府资金的限制类项目,实行核准制;对未使用政府资金的放开类项目,实行备案制。 12. 加强监管。对政府投资项目实行全过程监管,对不遵守法律法规给国家造成重大损失的,要追究有关人员的责任。对在项目申报和建设过程中提供虚假信息、延误前期工作和建设进度、挪用建设资金、擅自调整建设内容的,要采取通报批评、暂停下达投资计划、取消投资项目、限制相关投资活动等措施予以惩戒;对构成犯罪的,要依法追究刑事责任。建立项目后评价制度,使用政府投资、执行武器装备科研生产配套任务的单位,要承担供货和服务义务,擅自退出供货和服务的,政府应收回投资,取消其配套资格,并追究其责任;擅自处置或改变军工设备设施用途的,应限期恢复,政府不再安排资金用于同一项目建设,对拒不恢复的,要按有关规定追究责任
《国防科工委发展改革委国资委关于推进军工企业股份制改造的指导意见》	2007	科工法〔2007〕546号文发布	(五)军工企业股份制改造的主要目标是:力争用几年的时间,使符合条件的军工企业基本完成股份制改造,实现投资主体多元化,推动军工企业建立现代企业制度和现代产权制度,形成规范的法人治理结构,打造管理高效、机制灵活、决策科学的新型军工企业,建立起有效的激励机制和风险制约机制,使其成为真正的市场主体

表 3－1(续)

文件名	年份	文件号	主要内容
《国防科工委关于大力发展国防科技工业民用产业的指导意见》	2007	科工计〔2007〕111 号	一(三)“十一五”期间的发展目标是:掌握一批具有自主知识产权的核心技术和关键技术,发展一批市场影响力大的名牌产品,建设一批创新能力强、产业集聚度高的高技术产业基地,形成以高技术产业为主导、各类产业竞相发展的新格局。培养一批优秀的企业家和技术创新团队。民品销售收入年均增长 15% 以上,占国防科技工业总收入的比重进一步加大;利润保持同步增长,民品利润占利润总额的比重达到 50% 以上。 二(二)壮大军民结合高技术产业。加快发展与军品结构相似、技术相通、工艺相近、设备设施通用的军民结合高技术产业,增强军民转换能力。重点是民用核能、民用航天、民用飞机、民用船舶等。加快技术开发。以突破百万千瓦级核电站关键技术、大飞机关键技术、大型液化天然气(LNG)船和深海钻井平台设计技术、新一代运载火箭研制技术、先进航空发动机和车船用柴油机基础技术等为重点,引进技术和消化吸收相结合,产品开发和技术开发相结合,建立自主的技术体系。加快工程化研究和工业化应用。完成乏燃料后处理中间试验,推进工业化应用;突破卫星长寿命、高可靠、低成本技术,推动卫星由试验应用型向业务服务型、商业型转变;加快工业燃汽轮机中试;推广现代造船模式;加强先进工艺研究应用。扩大经济规模。按产业化模式组织商业卫星和公益卫星研制生产;拓展卫星应用市场,促进地面应用产品规模化。充分利用反应堆、加速器等辐射资源,开发同位素产品,扩大核技术应用。通过新研产品、转包生产、国际风险合作等多种方式,做大民用飞机产业规模。提升船用配套设备产能和技术水平,提高本土化装船率。 二(三)做强做大军民结合优势产品。积极发展电子信息制造、技术装备、新材料、新能源、新型建材和化工、节能降耗和环保综合利用等产品。利用军工制造与技术优势,积极发展数控加工、工程机械、在线检测及测量仪器、钢结构等产品;加快发展集成电路、微光红外、显示器件、绿色照明等电子信息和光电产品。利用特种化工技术和能力优势,发展精细化工、民爆器材等产品。根据市场需求,发展空间育种、辐照育种、生物制药等,开发风能发电、光伏电池等新能源装备和防暴、反恐、安防等公共安全产品。对汽车、摩托车、空调压缩机等已具有一定规模的产品,要持续开发新产品,不断更新换代,强化品牌经营,增强市场竞争力。 三(一)掌握核心技术,加快成果转化。从自主开发、军品技术利用和转化、市场运作三个方面入手,拓宽民品技术来源。以国家鼓励和支持的高新技术为方向,加强攻关,自主开发一批产业核心技术和关键技术。大力推进军用技术的转移和利用,对于可直接利用的军品技术,采取技术转让、技术入股等方式,发展民品;对于需要二次开发用于民品的技术,通过联合开发等方式,转为民用;对于军民两用技术,要同时面向军品和民品需求,实现军民共

表 3－1(续)

文件名	年份	文件号	主要内容
《国防科工委关于大力发展国防科技工业民用产业的指导意见》	2007	科工计〔2007〕111 号	赢发展、双重增值。鼓励采取购买、入股、置换等方式从市场上引入新技术，发展新产业。加强技术开发中心建设。重点企业要建立技术开发中心。科研院所要成为产业化的“孵化器”。鼓励企业、高等院校、科研院所加强合作，按照共同投资、成果共享、风险共担的模式建立技术开发中心。加快科技成果转化。建立适时、规范、协调的军品解密制度。加强标准对产业发展的引领作用，科研院所和企业要积极主动参与和承担产业技术标准的制定。充分发挥中介机构的作用，加快科技成果向现实生产力的转化。科技成果要按有偿原则使用和转让。加大科技投入。各单位都要设立专项资金，用于民品发展。到“十一五”末，企业的民品研发投入要达到民品销售收入 3% 以上。 三(二)加大改革力度，激发军工单位发展活力。深化企业和院所改革。以产权制度改革为核心，推进民品企业产权主体多元化，使股份制成为主要形式，建立健全规范的法人治理结构，促进运营模式和机制的转变。加快建立现代科研院所制度，对从事一般军品配套的科研院所，积极探索企业化转制，成为市场竞争主体，或进入相关企业成为技术开发中心。以资本和技术为纽带，明晰民品企业产权关系，建立规范的母子公司管理体制。推进军民品能力共享互动。军工单位都要实行军民品分开核算。对于放开能力单位，撤销军工单位代号，大力发展民品，以民品促进军品任务完成；对于保留能力单位的放开能力，可采取划转、合资等多种方式进入民品公司，在发展民品的同时承担军品任务；对于保留能力单位的保留能力，在不影响完成军品任务的前提下，要积极主动发展民品。 三(三)推进重组和资本运作，集聚产业发展资源。加大重组整合力度。面向行业内外，加大龙头企业合并重组，推进强强联合，在民用船舶、汽车、摩托车等领域形成一批具有国际竞争力的产业集团。配套产品坚持走专业化、规模化发展道路，鼓励跨集团重组整合，采取兼并、收购、资产划转等方式，在船用配套设备、航空机载设备、卫星地面应用、光电信息等具有一定规模的配套产品领域造就一批专业化“小巨人”，面向军民两用市场发展。充分利用资本市场推动产业发展。鼓励各类社会资本通过收购、资产置换、合资等方式，进入军工民品企业，推动优质资源集中。以军工上市公司为平台，吸收社会资源，实现加速发展。鼓励放开能力企业整体上市；承担关键分系统和特殊专用配套的保留能力企业，在国家控股的情况下可国内上市；承担总体和系统集成的保留能力企业，其中的放开能力在剥离后可国内上市。利用军工集团的整体优势，发行企业债券，筹集产业发展资金。 三(四)建立有效的人才培养和激励机制。努力培养高素质的人才队伍。加大对高级管理人才、高级技术人才、高级技能人才的培养力度。在配备军工单位领导干部时，要注重提拔有民品工作经历、懂经营、善管理、具有市场意

表 3-1(续)

文件名	年份	文件号	主要内容
《国防科工委关于大力发展国防科技工业民用产业的指导意见》	2007	科工计〔2007〕111 号	识和开拓精神的人才;军工单位领导班子中,要有专人负责民品发展。通过竞争上岗、公开招聘、人才市场选聘等方式,加快培养造就一支高素质的企业家队伍。面向国际国内人才市场,采取人才和智力引进、交流与合作、项目和技术引进带动等方式吸引高层次人才为民用产业发展服务。健全考评制度和激励机制。把民用产业发展作为重要指标,纳入军工集团公司绩效评价和考核体系。各军工集团公司要建立对成员单位民品发展的考评制度,制定和落实对成员单位发展民品的激励措施、对经营管理人员和核心技术开发人员的激励机制,实行经营者年薪制,探索持股经营、技术入股、收益提成等激励方式。 四(二)推进军工与地方经济融合。按照政府引导、市场运作的原则,择优在军工资源比较集中的地区设立若干军民结合产业基地,发挥产业基地机制灵活、政策优惠、成果转化快、集聚资源多的优势,加快产业化步伐。鼓励军工集团公司通过生产要素整合和上下游延伸,吸纳地方优势资源,实现融合发展。军工单位要积极进入地方优势产业,形成优势互补、强强联合的经济共同体。 五、发挥军工单位主体作用,实现民用产业发展目标。军工单位是发展民用产业的主体。所有单位都要切实转变观念。要由把民品作为副业向作为主业转变,树立军品为本、民品兴业的理念,把发展民品作为保军、促军的重要措施和壮大军工经济的源泉。要由以军品模式发展民品,向以市场模式发展民品转变,改变等、靠、要的传统观念,面向市场求发展。要由短期措施向长期战略转变,制定和实施民用产业发展规划,广泛动员军工技术、人才、设备设施优势,大力发展民品。要发挥集团公司和企事业单位两个积极性,放开搞活微观经济,释放军工能力,形成自主决策、自主经营、自我发展、自我约束的市场竞争主体。要认识到位、职责到位、措施到位,始终如一,常抓不懈,推动民用产业发展进入新阶段
《国防科学技术工业委员会关于深化国防科技工业投资体制改革的若干意见》	2007	科工计〔2007〕226 号	(四)加强规划的作用。国务院国防科技工业主管部门根据国防建设和国民经济发展需要,在充分征求有关部门意见的基础上,编制国防科技工业中长期发展规划,作为政府投资安排的依据。军工集团公司、重点科研生产单位要根据该发展规划,编制中长期发展建设规划,国务院国防科技工业主管部门要协商军队武器装备主管部门从军事和经济需求、建设目标、能力结构布局、建设方向和重点等方面予以核准。 (五)改进政府投资方式。政府投资资金按项目安排,根据资金来源、项目性质和调控需要,政府投资可采取直接投资、资本金注入、投资补助和贷款贴息等方式。其中,对研制条件、基础能力、公共服务,以及还贷能力低的批生

表 3-1(续)

文件名	年份	文件号	主要内容
《国防科学技术工业委员会关于深化国防科技工业投资体制改革的若干意见》	2007	科工计〔2007〕226 号	产改造等以军事效益和社会效益为主的建设项目,主要采取直接投资、资本金注入方式;对符合产业政策和发展规划,需要政府投资支持和引导的军民结合高技术产业,以及具有一定经济效益的批生产改造等建设项目,主要采取资本金注入、投资补助、贷款贴息方式
《武器装备科研生产许可管理条例》	2008	2008 年 3 月 6 日以中华人民共和国国务院、中华人民共和国中央军事委员会令第 521 号文发布	**第一章第二条** 国家对列入武器装备科研生产许可目录(以下简称许可目录)的武器装备科研生产活动实行许可管理。但是,专门的武器装备科学研究活动除外。 **第一章第三条** 未取得武器装备科研生产许可,不得从事许可目录所列的武器装备科研生产活动。但是,经国务院、中央军事委员会批准的除外
《国家知识产权战略纲要》	2008	2008 年 6 月 5 日以国发〔2008〕18 号文发布	(七)国防知识产权。 (37)建立国防知识产权的统一协调管理机制,着力解决权利归属与利益分配、有偿使用、激励机制以及紧急状态下技术有效实施等重大问题。 (38)加强国防知识产权管理。将知识产权管理纳入国防科研、生产、经营及装备采购、保障和项目管理各环节,增强对重大国防知识产权的掌控能力。发布关键技术指南,在武器装备关键技术和军民结合高新技术领域形成一批自主知识产权。建立国防知识产权安全预警机制,对军事技术合作和军品贸易中的国防知识产权进行特别审查。 (39)促进国防知识产权有效运用。完善国防知识产权保密解密制度,在确保国家安全和国防利益基础上,促进国防知识产权向民用领域转移。鼓励民用领域知识产权在国防领域运用

表 3－1(续)

文件名	年份	文件号	主要内容
《国务院 中央军委关于建立和完善军民结合、寓军于民武器装备科研生产体系的若干意见》	2010	国发〔2010〕37 号	(一)基本要求:着力精干军工主体、扩大协作配套范围,着力完善以自主创新为主导的国防科技创新体系,着力建立科学合理的产业组织结构,着力培育符合现代企业制度和现代科研院所制度要求的市场主体。 (四)改进军品市场准入和退出制度。修订武器装备科研生产许可目录,并面向全社会公开发布,为各类企事业单位参与武器装备科研生产创造条件。建立健全武器装备科研生产退出制度,解决企事业单位退出武器装备科研生产体系时的安全保密、能力保持、任务接转等问题。加强武器装备科研生产许可制度、武器装备承制单位资格审查管理制度和武器装备科研生产单位保密资格审查认证制度的协调衔接。 (五)完善有利于公平竞争的政策。按照《国务院关于深化国防科技工业投资体制改革若干意见的批复》(国函〔2007〕9 号)和军队装备采购制度改革的要求,加快出台国防科技工业投资体制改革的配套措施和办法。改革现行军品税收政策,按照公平、高效的原则,对从事武器装备科研生产的各类企事业单位执行统一的税收政策。进一步完善政府投资管理,对承担同类武器装备科研生产任务的企事业单位实行同等投资政策。 (九)加速军工和民用技术相互转化。改进国防知识产权管理,推动军工技术成果向民用转化。建立和完善国防科研成果和技术解密制度,为军工技术转民用创造有利条件。对于可以直接用于武器装备科研生产的电子信息等民用高新技术及产品,建立动态推荐目录,支持二次开发,为武器装备发展服务。立足国防与民用产业发展的双重需要,研究制定军民两用技术发展规划,加速推进军民两用技术相互转化。 (十一)推动国防科技工业与民用工业基础融合发展。促进军民通用设计、制造等先进工业技术的合作开发与成果共享;加强国防和民用基础技术,产品的统筹和一体化发展。立足民用工业基础,结合国家科技重大专项及重大装备研制项目的实施。促进重要机电产品、材料、器件、高端测试仪器、关键加工制造设备、科研生产软件等制约武器装备发展和军工能力的建设瓶颈问题的解决。 (十四)深化军工企业改革。按照既有利于公平竞争,又有利于保持和增强军工核心能力的原则,加快军工企业改革。除关系国家战略安全的少数企业外,要以调整和优化产权结构为重点,通过资产重组、上市、相互参股、兼并收购等多种途径推进股份制改造,依法妥善安置职工。鼓励符合条件的社会资本参与军工企业股份制改造。按照现代企业制度的要求,完善公司法人治理结构

表 3－1（续）

文件名	年份	文件号	主要内容
《国防科工局基础科研管理办法》	2010	2010 年 1 月 29 日以科工技〔2010〕136 号文发布	**第一章第三条**　国防基础科研计划包括先进工业技术研究和国防基础研究两个领域。根据国防科技发展趋势和武器装备研制生产需要，在领域内设立专题。 **第一章第七条**　鼓励有关部门和单位采取联合资助、自筹资金等方式，多渠道筹集资金开展国防基础科研活动
《军工关键设备设施管理条例》	2011	2011 年 6 月 24 日，以中华人民共和国国务院、中华人民共和国中央军事委员会第 598 号	**第十六条**　企业、事业单位拟通过转让、租赁等方式处置使用国家财政资金购建的用于武器装备总体、关键分系统、核心配套产品科研生产的军工关键设备设施，应当经国务院国防科技工业主管部门批准。申请批准应当提交载明下列内容的文件材料：（一）军工关键设备设施的名称、数量、价值、性能、使用等情况；（二）不影响承担武器装备科研生产任务的情况说明；（三）处置的原因及方式；（四）受让人或者承租人的基本情况。 **第十七条**　国务院国防科技工业主管部门应当自收到处置申请之日起 30 日内，做出批准或者不予批准的决定。做出批准决定的，国务院国防科技工业主管部门应当向申请人颁发批准文件；做出不予批准决定的，国务院国防科技工业主管部门应当书面通知申请人，并说明理由。国务院国防科技工业主管部门做出批准或者不予批准的决定，应当征求军队武器装备主管部门、国务院国有资产监督管理机构和国务院有关部门的意见。涉及国防科研生产能力、结构和布局调整的，应当按照国家有关规定会同军队武器装备主管部门、国务院国有资产监督管理机构和国务院有关部门，做出批准或者不予批准的决定。 **第十八条**　国有资产监督管理机构等有关部门依照法定职责和程序决定企业、事业单位合并、分立、改制、解散、申请破产等重大事项，涉及使用国家财政资金购建的用于武器装备总体、关键分系统、核心配套产品科研生产的军工关键设备设施权属变更的，应当征求国防科技工业主管部门的意见
《深入实施国家知识产权战略行动计划（2014—2020 年）》	2014	2014 年 12 月 10 日以国办发〔2014〕64 号	（三）加强国防知识产权管理。强化国防知识产权战略实施组织管理，加快国防知识产权政策法规体系建设，推动知识产权管理融入国防科研生产和装备采购各环节。规范国防知识产权权利归属与利益分配，促进形成军民结合高新技术领域自主知识产权。完善国防知识产权解密制度，引导优势民用知识产权进入军品科研生产领域，促进知识产权军民双向转化实施

表 3－1(续)

文件名	年份	文件号	主要内容
《国务院关于国有企业发展混合所有制经济的意见》	2015	2015 年 9 月 23 日以国发〔2015〕54 号	二(四)国防军工等特殊产业,从事战略武器装备科研生产、关系国家战略安全和涉及国家核心机密的核心军工能力领域,实行国有独资或绝对控股。其他军工领域,分类逐步放宽市场准入,建立竞争性采购体制机制,支持非国有企业参与武器装备科研生产、维修服务和竞争性采购
《国防科工局关于促进国防科技工业科技成果转化的若干意见》	2016	2016 年 1 月 4 日以科工计〔2015〕1230 号	一、本意见所称国防科技工业科技成果,是指国防科工局、国务院其他有关部门及地方人民政府有关部门管理并给予经费支持和有关单位(研究开发机构、高等院校和企业等)自筹经费开展国防科技工业领域科学研究、技术开发和设备设施建设所产生的具有实用价值的成果,包括涉密科技成果与非涉密科技成果。本意见所称国防科技工业科技成果转化,是指为提高生产力水平而对国防科技工业科技成果所进行的后续试验、开发、应用、推广直至形成新产品、新工艺、新材料,发展新产业等活动,包括“军转军冶”“军转民冶”“民转军冶”和“民转民冶”四种类型。 三、国防科技工业科技成果转化活动应当充分发挥企业的主体作用、政府的主导作用和市场对资源配置的决定性作用。本着安全保密、自主自愿、公平公正的原则,激发广大科研人员创新活力和创造潜能,注重产学研用相结合,提升人才、劳动、信息、知识、技术、管理、投资的效率和效益。 十、国防科技工业科技成果转化收益全部留归本单位,在对完成和转化科技成果做出重要贡献的人员给予奖励和报酬后,主要用于科学技术研究开发与成果转化等相关工作。奖励和报酬支出部分计入当年本单位工资总额,但不受当年本单位工资总额限制、不纳入工资总额基数。 十七、国防科工局对推广转化效益好的示范项目通过相关科研计划给予支持;对单位先行投入资金组织开展科技成果转化并取得显著成效的带动性项目,可按照后补偿机制给予相应补助。鼓励各有关单位设立科技成果转化专项资金,支持科技成果转化项目的实施。鼓励和引导社会资金投入,推动科技成果转化资金投入的多元化。 十八、鼓励各有关单位制定激发科研人员创新活力和创业潜能的措施,建立有利于促进成果转化的考核和激励机制,将转化绩效纳入对单位和个人的考核评价体系。应用类科研项目立项时,应明确项目承担者的科技成果转化责任,并将其作为验收的重要内容和依据。对科技成果转化绩效突出的相关单位和个人加大科研资金的支持力度

表 3 - 1(续)

文件名	年份	文件号	主要内容
《关于经济建设和国防建设融合发展的意见》	2016	中发〔2016〕12 号	(十)深化国防科技工业体制改革。进一步打破行业封闭,立足国民经济基础,突出核心能力,放开一般能力,推进社会化大协作,调整优化武器装备科研生产能力和结构,推进军工企业专业化重组。完善国防科研生产管理和武器装备科研采购制度,深入推进竞争性采购,在健全竞争、评价、监督、激励机制上卖出更大步伐。扩大引入社会资本,积极稳妥推进混合所有制改革试点,深化军工企业股份制改造,完善军工上市公司监管制度。加快引导优势民营企业进入武器装备科研生产和维修领域,健全信息发布机制和渠道,构建公平竞争的政策环境。调整完善武器装备科研生产许可和装备承制资格制度,简化管理程序,激发市场活力。 (十一)推动军工技术民用转化。充分发挥军工优势,推动军工技术向国民经济领域的转移转化,实现产业化发展。坚持军品为本、民品兴业,大力发展核、航空、航天等产业,推动船舶工业由大变强。积极参与发展战略性新兴产业和高技术产业。拓宽发展反恐防暴、维稳、安保等国家安全和应急产业

三、“军转民”政策措施现状及分析

改革开放以来，随着市场经济的深入发展，以及经济建设和国防建设融合发展上升为国家战略，针对“军转民”实践中遇到的问题，国家军政各相关部门先后出台、修订了多项政策制度和法律法规，取得了显著进展。

（一）考核激励机制不健全

考核方面，当前国家对军工企事业单位的考核制度以经济指标考核为主，缺乏对国防科技成果转化的考核指标，使得一些军品任务比较饱满、依靠军品任务就能满足经济指标的军工企事业单位，缺乏对国防科研生产过程中产生的科技成果进行转化的动力。

同时，军用技术转民用的项目管理尚未建立起与市场经济发展相适应的运行管理机制。目前，对军用技术转民用项目的管理仍停留在传统的课题申报鉴定管理上，大多依赖于纯技术型课题组长负责制，很少采用可实现产业化目标的项目经理负责制。这种管理运作方式的考核目标放在科研成果的鉴定上，致使不少项目的产业化问题受到忽视。

激励方面，收益分配不均成为国防科技成果转化的关键障碍。2015 年修订的《中华人民共和国促进科技成果转化法》在原版的基础上提高了科技成果转化过程中对职务发明人的奖励，但是却没有对国防科技成果的转化收益分配做具体说明。2015 年国防科工局出台的《关于促进国防科技工业科技成果转化的若干意见》对国防科技工业科技成果发明单位的收益做了规定，即全部留归本单位，但是对发明人的收益分配却没有做具体的规定。虽然有些军工单位在职工待遇方面做出了尝试，但由于国家没有明确规定，使得这方面的探索存在一定的政策风险。

（二）国防知识产权归属不明

根据《中华人民共和国专利法》与《国防专利条例》的规定，国防知识产权归生成单位所有，或依据单位与发明人的合同约定归发明人所有。但《中华人民共和国国防法》第三十七条规定“国家为武装力量建设、国防科研生产和其他国防建设直接投入的资金、划拨使用的土地等资源，以及由此形成的用于国防目的的武器装备和设备设施、物资器材、技术成果等属于国防资产。国防资产归国家所有”。因此，国防知识产权的归属在法律层面上不明晰，使得项目承担单位只有保护知识产权的义务，而没有获得处置知识产权的完全自主权，从而在实践中无法实现其激励功能，国防知识产权自然也不会成为军工企事业单位的内在需求。

（三）定密解密制度不完善

国防知识产权涉及军事信息技术、军事航天技术等多领域科学技术问题，对其定密需要专业知识，包括与该技术直接相关的专业知识和了解该技术的国防安全价值和潜在经济价值的专业知识。我国国防知识产权大部分来自军工企事业单位，由于缺乏降密解密政策措施，大量军工技术只能依靠军工单位进行二次开发，不能对外发布，对技术向民用领域的交易和转让造成较大限制。而且，现行的定密责任人制度只强调对定密不当的惩罚，而缺乏对定密科学合理的奖励，客观上造成了国防知识产权的定密从严、解密从缓的现象。此外，国防知识产权由军队和政府相关部门共同管理，相互间统筹协调衔接不足，也是制约国防知识产权转化的因素之一。

以国防专利为例，自 2008 年以后批量解密的国防专利屈指可数。世界科学技术的发展是呈现指数级增长的，如果某项军工高技术在不涉及国家机密的前提下，迟迟不能转化为民用生产力，很快就会被市场淘汰，从而大大浪费了资源，降低了国防先进科技的溢出效应。

第二节　我国“民参军”现状及政策措施

本章首先从成就和问题两方面，研究梳理了我国“民参军”的工作现状，然后从政策的角度对形成“民参军”障碍的深层次原因进行了剖析，在此基础上针对问题提出完善“民参军”政策的思路。

一、“民参军”工作现状

我国“民参军”工作整体上表现为“民营企业积极主动，政策制度缺陷明显”的特点。

（一）“民参军”成就

改革开放以来，我国民营经济蓬勃发展，在一些领域尤其是电子信息等新兴领域的实力显著增强，在经济建设和国防建设融合发展战略的号召下，已经为我国国防事业做出了很大贡献。

一是“民参军”广度和深度不断扩大。民营企业配套范围不断扩大，层级不断提升，军工企业、民口国有单位和民营企业共同支撑武器装备科研生产的发展格局初步形成。一些民口企业以独特领先的技术和产品优势在军品市场占有一

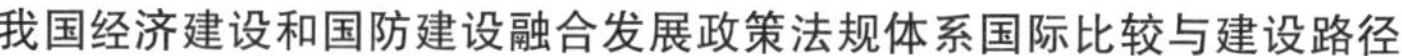

席之地,参与军品配套的地位逐步巩固。

二是“民参军”的社会基础有了明显改善。一方面,许多地方积极推动“民参军”工作。如上海、江苏和宁波、深圳、大连、合肥、厦门等地方政府积极推动当地企业参与军工科研生产,出台了相关支持政策,积极搭建军民交流服务平台,扶持高技术产业发展,协助拥有先进技术的民企“参军”。许多中介服务也促进了“民参军”活动,在帮助民企普及“参军”知识、促进军民交流和信息沟通等,起到了重要的桥梁作用。另一方面,我国科技与工业基础明显增强,特别是在电子信息、新材料、新能源动力、机电产品领域,涌现出了众多的民口高新技术产品,如特种计算机、不怕扎的空心轮胎、陶瓷材料等,初步形成了一些具有特色的“参军”企业聚集区,为“民参军”的发展壮大提供了更好的条件。

三是军工集团积极探索利用民用优势资源的有效途径。鉴于民用科技工业聚集了大量优势资源,以及民营企业具有机制灵活、运行效率高、决策速度快、成本控制严、社会负担轻、在引进国外人才和技术方面政策障碍较少等诸多优势,为满足现代高新武器装备技术发展需求,军工集团逐渐摆脱自我封闭的观念,依托自身人才队伍、军工核心能力、科研生产管理体系、军工文化等优势,积极探索利用民用优势资源的有效途径,通过不同方式的“民参军”提升自身实力和实现经营上的双赢。

(二)“民参军”问题

当前,我国民口科技实力整体较弱,加之我国军工行业由于历史、行业特性等原因仍相对封闭,导致我国“民参军”的比重较小、层次较低,难以适应世界军事变革和先进武器装备发展的需要。

一是民口单位实际“参军”的比重较小、层次较低。当前在某些领域内民营企业具备的技术水平已大大超过国内军工行业的同类产品。虽然获得武器装备科研生产许可证的民口企业数量不断增加,但是由于我国武器装备供应链更多地分布在军工集团或军工行业内部,民口企业承担的武器装备科研生产任务的比重并没有随之增加,尤其是民营企业参与国防建设的规模一直很小、技术层次较低。

二是“民参军”仍不能有效解决制约我国国防科技工业发展的瓶颈问题。先进制造工艺等问题是长期制约我国国防科技工业发展的瓶颈问题,而这些领域恰恰也是我国民用工业的发展短板,核心技术受制于人的现象十分严重。

二、“民参军”政策措施出台情况梳理

自经济建设和国防建设融合发展政策实施以来,关于“民参军”相关的政策制度和法律法规体系不断完善,表 3 -2 对主要的法律法规文件进行梳理,归纳出现有的有关“民参军”的法律法规体系。

表 3－2　有关“民参军”的法律法规体系

文件名	年份	文件号	主要内容
《中华人民共和国国防法》	1997	1997 年 3 月 14 日以中华人民共和国主席令第 84 号	**第五章第三十条**　国防科技工业实行军民结合、平战结合、军品优先、以民养军的方针。国家统筹规划国防科技工业建设，保持规模适度、专业配套、布局合理的国防科研生产能力。 **第五章第三十一条**　国家促进国防科学技术进步，加强高新技术研究，发挥高新技术在武器装备发展中的先导作用，增加技术储备，研制新型武器装备。 **第五章第三十二条**　国家对国防科研生产实行统一领导和计划调控。国家为承担国防科研生产任务的企业事业单位提供必要的保障条件和优惠政策。地方各级人民政府应当对承担国防科研生产任务的企业事业单位给予协助和支持。 **第五章第三十三条**　国家采取必要措施，培养和造就国防科学技术人才，创造有利的环境和条件，充分发挥他们的作用。国防科学技术工作者应当受到全社会的尊重。国家逐步提高国防科学技术工作者的待遇，保护其合法权益。 **第五章第三十四条**　国家根据国防建设的需要和社会主义市场经济的要求，实行国家军事订货制度，保障武器装备和其他军用物资的采购供应
《民用部门军品配套科研生产许可证管理实施细则》	2000	科工法字〔2000〕481 号	**第一条**　为维护军品配套科研生产秩序，确保军品配套产品质量，提高军品配套科研生产整体水平，满足武器装备发展需要，根据《武器装备科研生产许可证管理暂行办法》（以下简称《许可证管理暂行办法》），制定本实施细则。鼓励具有先进技术和经济实力的单位积极创造条件，承担军品配套科研生产任务。 **第二条**　民用部门军品配套科研生产实行许可证管理的范围是，民用部门科研生产单位为武器装备科研生产提供的专用配套分系统、零部件和材料。 **第三条**　持有军品配套许可证的单位方可承担军品配套科研生产任务。 **第四条**　民用部门军品配套科研生产许可证发放的种类和数量，依照《民用部门军品配套科研生产许可证管理专业目录》（以下简称《专业目录》）和《武器装备科研生产许可证工作指南》（以下简称《工作指南》）确定
《国务院关于鼓励支持和引导个体私营等非公有制经济发展的若干意见》	2005	国发〔2005〕3 号（老“非公”36 条）	（六）允许非公有资本进入国防科技工业建设领域。坚持军民结合、寓军于民的方针，发挥市场机制的作用，允许非公有制企业按有关规定参与军工科研生产任务的竞争以及军工企业的改组改制。鼓励非公有制企业参与军民两用高技术开发及其产业化

表 3-2(续)

文件名	年份	文件号	主要内容
《武器装备科研生产协作配套管理办法》	2006	科工法〔2006〕1189 号	**第四条**　武器装备科研生产应当充分利用社会资源的优势,开展专业化协作配套;鼓励具有先进技术和经济实力的企事业单位通过竞争承担协作配套任务;鼓励协作配套单位采取自筹资金和风险投资等方式研制生产配套产品。 **第八条**　国防科学技术工业委员会(以下简称国防科工委)负责制定协作配套工作的政策和规章;制定协作配套的发展战略,编制相关计划并组织实施;会同国家有关部门协调解决跨部门、跨地区、跨行业的协作配套重大问题。各省、自治区、直辖市人民政府国防科技工业管理部门协助国防科工委做好本辖区内单位的协作配套工作,协助落实交通、能源等需要地方政府支持的相关保障条件。 **第十条**　武器装备配套产品(技术)的需求单位(以下称为提出任务单位)主管部门(单位)根据武器装备科研生产任务,组织管辖范围内或者所属企事业单位提出协作配套需求,督促协作配套合同的履行,协助落实完成任务的有关条件,协调解决有关问题
《国防科工委关于非国有企业军工项目投资管理有关问题的意见》	2006	科工财〔2006〕569 号	近年来,为了保障武器装备科研生产的顺利进行和型号配套任务的急需,国防科工委对非国有企业承担军品研制生产任务的投资越来越多,投资力度也不断加强。为了规范政府对非国有企业军工项目投资的管理,确保政府资金安全,国防科工委对非国有企业军工项目投资管理有关问题提出如下意见: 一、项目范围为国防科工委负责审批的承担军品科研生产任务的非国有企业的固定资产投资项目。非国有企业包括我国境内的私营、个体及非国有控股的混合所有制等企业。不包括具有国有资产管理权的机构的所属股份制等企业。 二、国防科工委对非国有企业投资限于以下两种情况:(一)已承担军队装备部门下达的重要高新技术装备及其重要配套产品研制生产任务,但现有条件难以保障任务完成的;(二)因自身技术、装备优势而承担重要高新技术武器装备特殊配套产品研制生产任务,但现有条件存在不足的。 三、投资方式。(一)贷款贴息。贷款贴息幅度、年限根据项目盈利能力和重要程度确定。贷款贴息幅度不高于同期国有银行贷款利率水平,贴息年限不超过 3 年。贷款贴息冲减项目建设成本。需要贷款贴息的项目,非国有企业应出具银行贷款证明。(二)通过贷款贴息保障不了非国有企业承担的军工研制生产任务完成的,国防科工委可采取资本金注入投资方式。需要以资本金注入方式投资的,非国有企业应出具股东大会或全体出资人会议决议,同意接受政府投资并按规定调整股权结构,转增国有股份,国有股按规定享有股份收益。非国有企业对转增的国有股份可以回购。 四、国防科工委对非国有企业投资所形成的国有股份收益和股份出让资金收入,均全额上交中央财政

表 3－2(续)

文件名	年份	文件号	主要内容
《关于非公有制经济参与国防科技工业建设的指导意见》	2007	科工法〔2007〕179 号	一、鼓励和引导非公有资本进入国防科技工业建设领域。要逐步扩大非公有资本对国防科技工业投资的领域,形成规范、有序的开放性国防科技工业发展格局。允许非公有资本对军品科研生产项目和基础设施进行投资,具体投资领域及方式按国家有关规定执行。 二、鼓励和引导非公有制企业参与军品科研生产任务的竞争和项目合作。非公有制企业可承担武器装备分系统和配套产品研制生产任务,具体承担任务的范围按照国防科技工业主管部门发布的武器装备科研生产许可目录及有关管理办法执行。非公有制企业从事武器装备科研生产许可目录所列产品(技术)科研生产活动,应当取得武器装备科研生产许可。鼓励和支持非公有制企业通过产学研结合等方式,参与国防科技创新活动。 三、鼓励和引导非公有制企业参与军工企业改组改制。除从事战略武器装备生产、关系国家战略安全和涉及国家核心机密的核心重点保军企业外,允许其参与其他军工企业的股份制改造。鼓励非公有制企业通过参股、控股、兼并和收购等多种形式,参与以民为主或从事军民两用产品、一般武器装备及配套产品生产的军工企业改组改制。鼓励非公有制企业参与军工企业分离办社会职能工作和辅业改制。具体参与军工企业改组改制的范围、方式和程序,按照国家有关规定执行。 四、鼓励非公有制企业参与军民两用高技术开发及其产业化。按照加大自主创新、发展高新技术、推进产业化、提升产业规模的要求,鼓励非公有制企业研究开发科技含量高、市场前景好的军民两用高新技术产品,参与民用核能、民用航天、民用飞机、民用船舶等军民结合高技术产业的发展。 五、非公有制企业要充分认识承担军品科研生产任务的特殊性,严格执行国家保密制度、军品科研生产质量管理规定、安全生产管理规定、技术标准和军工设备设施管理规定等,建立健全企业内部相关制度,严格履行合同,保质、保量、按时完成军品科研生产任务。非公有制企业申请承担军品科研生产任务或参与军工企业改组改制,应在地方国防科技工业管理部门登记备案;已承担军品科研生产任务或参与军工企业改组改制的,应及时向备案部门报告军品科研生产或改组改制进展情况。 六、向非公有制企业提出军品科研生产任务的单位,应与承担任务单位依法签订合同,并严格履行合同,及时跟踪任务进展情况,对于影响军品科研生产任务完成的重大情况,应及时采取相应措施并报主管部门(单位)。 七、承担军品科研生产任务的非公有制企业,可按有关规定使用由国家投资建设的实验室、军工专用测试和试验设施等现有科技资源条件。

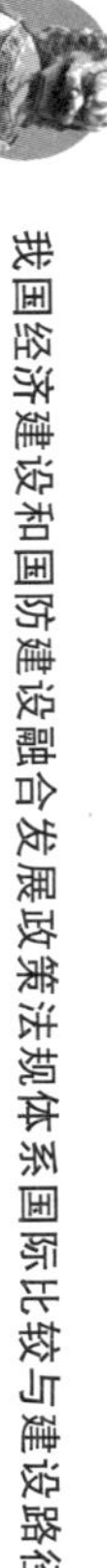

表 3－2(续)

文件名	年份	文件号	主要内容
《关于非公有制经济参与国防科技工业建设的指导意见》	2007	科工法〔2007〕179 号	八、完善配套政策，为非公有制经济参与国防科技工业建设创造良好的政策环境。在国家政策允许范围内，非公有制企业在军品市场准入、任务竞争及参与军工企业改组改制等方面应与国有军工企业一视同仁。根据非公有制企业承担军品科研生产任务的性质和特点，通过贷款贴息、资本金注入以及租赁、借用、调配等多种方式，为非公有制企业完成重要军品科研生产任务提供必要的保障条件。完善军品科研生产招投标制度，以鼓励非公有制企业积极参与军品科研生产任务招投标。 九、完善信息发布制度，搭建适合非公有制经济发展特点的信息交流和共享平台。及时定向发布相关政策法规、武器装备科研生产许可目录、社会投资领域指导目录、军工企业股份制改造指导目录、军工产品和技术需求、技术标准等信息，指导非公有制企业加强与军工科研生产单位的信息沟通。 十、中介服务机构要创新服务方式，规范服务行为，为非公有制经济参与国防科技工业建设开展政策咨询、管理咨询、科技成果交流、人才培训、科技创新、技术支持、信息交流与共享、项目孵化、筹资融资、认证认可等方面服务。 十一、加强政府对非公有制经济参与国防科技工业建设活动的监管。各级国防科技工业管理部门要依法履行监督和管理职能，完善相关制度，改进监管办法，提高监管水平。对承担军品科研生产任务的非公有制企业，在合同执行、产品质量、保密、军工设备设施管理和使用、资质条件等方面进行监督检查，及时预警风险，对违反国家有关规定的依法予以查处。地方国防科技工业管理部门要加强对本地区承担军品科研生产任务非公有制企业的指导，帮助非公有制企业解决在参与国防科技工业建设中遇到的问题，按有关规定协调落实非公有制企业在投资、税收、土地使用等方面应享受的政策
《国防科学技术工业委员会关于深化国防科技工业投资体制改革的若干意见》	2007	科工计〔2007〕226 号	(八)扩大社会投资领域，实行分类管理。在确保国防安全的前提下，尽可能扩大社会对国防科技工业投资的领域。根据产品在类型、层次和科研生产阶段等方面的有关要求，在综合权衡国防安全和保密规定、军品科研生产能力结构布局、社会公共利益、军民通用程度等因素的基础上，将投资领域分为放开类、限制类和禁止类。其中放开类，鼓励社会资本进入，不限投资比例；限制类，允许社会资本进入，但重要领域须由国家控股；禁止类，实行国有独资。国务院国防科技工业主管部门要会同军队武器装备主管部门，适时制订、颁布《社会投资领域指导目录》。对外资进入国防科技工业领域的，除执行本意见的有关规定外，还要符合国家在国防安全、技术保密、国民属性等方面的规定。 (九)建立健全项目审批制、核准制和备案制。凡是有政府投资参与的建设项目，均实行审批制。其中，采取直接投资和资本金注入方式的，仍执行项目建议书、可行性研究报告等审批和管理规定；采取投资补助、贷款贴息方式的，只审批资金申请报告。对未使用政府资金的限制类项目，实行核准制；对未使用政府资金的放开类项目，实行备案制

表 3－2(续)

文件名	年份	文件号	主要内容
《国防科工委关于进一步推进民用技术向军用转移的指导意见》	2007	科工经〔2007〕885 号	一、按照政府引导、平等准入、公平竞争、规范有序的原则,进一步鼓励和支持民用技术为军品科研生产服务,促进国防建设和经济建设两个能力的结合。 二、本指导意见中的民技军用,是指将民用市场上已经成熟应用或正在研究开发的技术和产品向武器装备科研生产转移的活动。 三、建立民技军用信息发布平台。国防科工委牵头组织并不定期向有关使用部门、军工集团公司及武器装备研制生产单位发布可以应用于武器装备研制生产的先进民用技术信息;根据武器装备科研生产提出的需求,编制可以利用先进民用技术的科研项目指南,并按有关规定发布。 四、逐步扩大武器装备科研生产许可证的发放范围。对列入许可管理目录范围的技术及产品,在审核发放许可证时,给予拥有先进民用技术的单位同等待遇,吸引更多企事业单位参与武器装备科研生产活动。 五、进一步完善国防科技工业标准体系。在满足军用需求的前提下,武器装备研制生产尽可能采用先进成熟的民用标准。 六、加强民技军用过程中的知识产权保护。先进民用技术在向武器装备科研生产转移过程中,要严格按照国家有关规定依法对其知识产权进行保护和补偿。 七、进一步完善武器装备科研生产招投标制度。在不影响国家安全的前提下,逐步扩大武器装备科研生产及配套项目的招标比例,扩大信息发布范围,支持和鼓励有技术优势、有实力的单位公平地参与有关武器装备科研生产任务的竞争。 八、为民技军用创造公平的政策环境。在任务竞争、投资、税收等方面对承担民技军用任务的单位给予同等政策待遇。 九、各武器装备总承包和分承包单位要高度重视民技军用工作,积极吸纳和利用先进的民用技术和产品,提高武器装备研制生产水平。 十、承担民技军用任务的单位必须严格执行军品科研生产的保密管理、质量管理等规定,严格履行合同,保质、保量、按时完成武器装备科研生产任务。 十一、鼓励中介机构开展民技军用政策咨询、信息交流、信誉评价、认证认可等服务,不断提高服务水平

表 3-2(续)

文件名	年份	文件号	主要内容
《国防科工委发展改革委国资委关于推进军工企业股份制改造的指导意见》	2007	科工法〔2007〕546 号	为贯彻落实党的十六大、十六届三中、四中、五中和六中全会精神，落实《国务院关于鼓励支持和引导个体私营等非公有制经济发展的若干意见》(国发〔2005〕3 号)要求，……经国务院同意，现就军工企业股份制改造工作提出如下意见。 (七)军工企业关系国家安全，必须严格界定股份制改造的范围和程度，科学区分企业类型，统筹规划，选择试点，精心组织，分步实施。 (八)对从事战略武器装备生产、关系国家战略安全和涉及国家核心机密的少数核心重点保军企业，应继续保持国有独资，在禁止其核心保军资产和技术进入股份制企业的前提下，允许对其通用设备设施和辅业资产进行重组改制。 (九)对从事关键武器装备总体设计、总装集成以及关键分系统、特殊配套件生产的重点保军企业在保持国家绝对控股的前提下可以实施股份制改造。鼓励境内资本(指内资资本)参与企业股份制改造，允许企业在行业内部或跨行业实施以市场为主导的重组、联合或者兼并，允许企业非核心资产在改制过程中租赁、转让或拍卖。 (十)除上述两类企业外，对从事重要武器装备生产的其他重点保军企业，根据承制武器装备的重要程度，可实行国有绝对控股、相对控股、参股等多种形式的股份制改造，鼓励引入境内资本和有条件地允许外资参与企业股份制改造，鼓励符合条件的企业通过资本市场进行融资。 (十一)鼓励和支持以民为主，从事军民两用产品、一般武器装备及配套产品生产的军工企业引入各类社会资本实施股份制改造，具备条件的军工企业可以在国内外资本市场上融资。 (十二)国有独资的军工企业要按照《公司法》的要求，逐步建立董事会制度，规范公司的组织和行为。鼓励军工集团公司之间交叉持股，经批准允许其主营业务资产整体重组改制。 (十四)军工企业实施股份制改造，报国资委、国防科工委批准后，依照《企业国有资产监督管理暂行条例》等规定的法定程序实施。国防科工委会同总装备部和国家有关部门综合考虑武器装备战略影响大小、系统集成强弱和国防专用程度高低等因素，制定军工企业核心保军资产和技术指导目录，实施目录管理，并根据发展需要进行动态调整

表 3－2(续)

文件名	年份	文件号	主要内容
《军工企业股份制改造实施暂行办法》	2007	科工改〔2007〕1366 号	**第一章第一条**　为推进和规范军工企业股份制改造工作，根据《国防科工委 发展改革委 国资委关于推进军工企业股份制改造的指导意见》，制定本办法。 **第一章第二条**　本办法所称军工企业股份制改造，是指中央或地方管理的军工企业，依照《中华人民共和国公司法》改制为有限责任公司或股份有限公司。 **第二章第八条**　军工企业按照国有独资（或国有全资，以下同）、国有绝对控股、国有相对控股、国有参股（含国有股全部退出，以下同）等四种类型实施改制。 **第二章第九条**　国有独资的军工企业，应改制为一个或一个以上国有企业出资的有限责任公司。鼓励两个及两个以上军工集团公司（或其他国有企业）对其共同持股。 **第二章第十条**　国有绝对控股的军工企业，鼓励境内资本参与其改制，可以在境内资本市场融资。 **第二章第十一条**　国有相对控股的军工企业，鼓励境内资本以及有条件的允许外资参与其改制，可以在境内资本市场融资，经批准可以到境外资本市场融资。 **第二章第十二条**　国有参股的军工企业，鼓励采取多种形式、引入境内外资本参与其改制。 **第二章第十三条**　军工企业中的通用设备设施、非主业资产等，剥离出来后允许进行多种形式的改制。 **第二章第十四条**　鼓励军工企业之间或与其他企事业单位结合专业化重组进行改制。 对有利于提高自主创新能力，有利于促进军民结合、寓军于民，有利于小核心大协作、减少重复建设，有利于加快军民两用产业协调发展的重组改制，可以放宽改制类型的限制。 **第三章第十八条**　改制后承制军品的企业，应向发证机关重新申请武器装备科研生产许可证。 改制为境内非国有资本控股的，申请期限可以延长三个月
《武器装备科研生产许可管理条例》	2008	2008 年 3 月 6 日以国务院、中央军委第 521 号	**第二条**　国家对列入武器装备科研生产许可目录（以下简称许可目录）的武器装备科研生产活动实行许可管理。但是，专门的武器装备科学研究活动除外。 **第三条**　未取得武器装备科研生产许可，不得从事许可目录所列的武器装备科研生产活动。但是，经国务院、中央军事委员会批准的除外。 **第七条**　申请武器装备科研生产许可的单位，应当符合下列条件：（一）具有法人资格；（二）有与申请从事的武器

表 3－2(续)

文件名	年份	文件号	主要内容
《武器装备科研生产许可管理条例》	2008	2008 年 3 月 6 日以国务院、中央军委第521 号	装备科研生产活动相适应的专业技术人员;(三)有与申请从事的武器装备科研生产活动相适应的科研生产条件和检验检测、试验手段;(四)有与申请从事的武器装备科研生产活动相适应的技术和工艺;(五)经评定合格的质量管理体系;(六)与申请从事的武器装备科研生产活动相适应的安全生产条件;(七)有与申请从事的武器装备科研生产活动相适应的保密资格。 **第八条**　申请武器装备科研生产许可的单位,应当向所在地的省、自治区、直辖市人民政府负责国防科技工业管理的部门提出申请。许可目录规定应当向国务院国防科技工业主管部门申请武器装备科研生产许可的,应当直接向国务院国防科技工业主管部门提出申请,并将申请材料同时报送总装备部。 **第九条**　国务院国防科技工业主管部门和省、自治区、直辖市人民政府负责国防科技工业管理的部门收到申请后,应当依照《中华人民共和国行政许可法》规定的程序办理。 **第十条**　省、自治区、直辖市人民政府负责国防科技工业管理的部门组织对申请单位进行审查,应当征求中国人民解放军派驻的军事代表机构(以下简称军事代表机构)的意见,并自受理申请之日起 30 日内完成审查,将审查意见和全部申请材料报送国务院国防科技工业主管部门,同时报送总装备部。 **第十一条**　国务院国防科技工业主管部门受理申请后,应当进行审查,并自受理申请之日起 60 日内或者自收到省、自治区、直辖市人民政府负责国防科技工业管理的部门报送的审查意见和全部申请材料之日起 30 日内,做出决定。做出准予许可决定的,应当自做出决定之日起 10 日内向提出申请的单位颁发武器装备科研生产许可证;做出不准予许可决定的,应当书面通知提出申请的单位,并说明理由。国务院国防科技工业主管部门在做出决定前,应当书面征求总装备部的意见,总装备部应当在 10 日内回复意见
《武器装备科研生产单位保密资格审查认证管理办法》	2008	国保发〔2008〕8 号	**第五条**　武器装备科研生产单位保密资格分为一级、二级、三级三个等级。一级保密资格单位可以承担绝密级科研生产任务;二级保密资格单位可以承担机密级科研生产任务;三级保密资格单位可以承担秘密级科研生产任务。 **第六条**　经审查认证取得保密资格的单位,列入《武器装备科研生产单位保密资格名录》(以下简称《名录》)。军队系统装备部门的涉密武器装备科研生产合同项目,应当在列入《名录》的具有相应等级保密资格的单位中招标订货。承包单位分包涉密合同项目,分包单位应当是列入《名录》的具有相应等级保密资格的单位。

表 3－2(续)

文件名	年份	文件号	主要内容
《武器装备科研生产单位保密资格审查认证管理办法》	2008	国保发〔2008〕8 号	**第七条**　国家保密局会同国家国防科技工业局、总装备部等部门组成国防武器装备科研生产单位保密资格审查认证委员会(以下简称国家军工保密资格认证委)。 **第十一条**　申请保密资格的单位应当具备以下基本条件:(一)中华人民共和国境内登记注册的企业法人或事业法人;(二)承担或拟承担武器装备科研生产的项目或产品涉密;(三)无外商(含港澳台)投资和雇用外籍人员,国家有特殊规定的除外;(四)承担涉密武器装备科研生产任务的人员,应当具有中华人民共和国国籍,在中华人民共和国境内居住,与境外人员(含港澳台)无婚姻关系;(五)有固定的科研生产和办公场所,并符合国家有关安全保密要求;(六)1 年内未发生泄密事件;(七)无非法获取、持有国家秘密以及其他严重违法行为。 **第十九条**　保密资格审查分为书面审查和现场审查。国家或省(区、市)军工保密资格认证委收到申请单位《申请书》及相关材料后,进行书面审查,并在 10 个工作日内做出是否受理的决定。省(区、市)军工保密资格认证委应当征求军队派驻的军事代表机构对申请单位是否符合申请条件的意见。对决定受理的单位,应当在 30 个工作日内组成审查组进行现场审查。 **第二十七条**　保密资格有效期为 5 年。有效期满,需继续承担涉密武器装备科研生产任务的,应当提前 90 个工作日重新提出申请
《非国有企业军工项目投资监管暂行办法》	2009	科工财审计〔2009〕1412 号	**第三条**　申报军工项目投资的非国有企业应当符合以下条件: (一)持有国家颁发的武器装备科研生产许可证; (二)已承担高新工程武器装备及其重要配套产品研制生产任务,但现有条件难以保障相关任务完成; (三)武器装备科研生产能力和技术在国内具有唯一性,且不可替代。 **第四条**　非国有企业申报的军工项目,由有关司组织国内同行业专家评审并出具评审意见,由发展计划司组织相关司听取意见后,再提交评估机构进行评审并出具评审意见,提请局长办公会审议。项目具体申报按《国防科工局关于印发〈国防科技工业固定资产投资项目申报和审批若干规定〉的通知》(科工计〔2009〕233 号)要求办理。 **第五条**　国防科工局以资本金注入和资产借用等方式对非国有企业进行投资

表 3－2(续)

文件名	年份	文件号	主要内容
《国防科技工业固定资产投资项目申报和审批若干规定》	2009	科工计〔2009〕233 号	为进一步加强国防科技工业固定资产投资管理,指导和规范项目申报和审批工作,根据国家固定资产投资管理的有关规定,结合国防科技工业实际,制定本规定
《国务院 中央军委关于建立和完善军民结合、寓军于民武器装备科研生产体系的若干意见》	2010	国发〔2010〕37 号	二、推动军工开放,引导社会资源进入武器装备科研生产领域 (三)着力健全开放式发展的武器装备科研生产格局。根据武器装备发展战略和规划,立足国家工业基础,坚持军品优先,精干军工主体、扩大协作配套范围,通过动态调整优化,加强科研生产条件建设,提升武器装备科研生产核心能力。引导社会资源进入军品能力建设领域,进一步放开一般能力,使其寓于民用工业中发展,形成面向全国、分类管理、有序竞争的开放式能力发展格局。 (四)改进军品市场准入和退出制度。修订武器装备科研生产许可目录,并面向全社会公开发布,为各类企事业单位参与武器装备科研生产创造条件。建立健全武器装备科研生产退出制度,解决企事业单位退出武器装备科研生产体系时的安全保密、能力保持、任务接转等问题。加强武器装备科研生产许可制度、武器装备承制单位资格审查管理制度和武器装备科研生产单位保密资格审查认证制度的协调衔接。 (五)完善有利于公平竞争的政策。按照《国务院关于深化国防科技工业投资体制改革若干意见的批复》(国函〔2007〕9 号)和军队装备采购制度改革的要求,加快出台国防科技工业投资体制改革的配套措施和办法。改革现行军品税收政策,按照公平、高效的原则,对从事武器装备科研生产的各类企事业单位执行统一的税收政策。进一步完善政府投资管理,对承担同类武器装备科研生产任务的企事业单位实行同等投资政策
《国务院关于鼓励和引导民间投资健康发展的若干意见》	2010	国发〔2010〕13 号文(新“非公”36 条)	七、鼓励和引导民间资本进入国防科技工业领域。(二十)鼓励民间资本进入国防科技工业投资建设领域。引导和支持民营企业有序参与军工企业的改组改制,鼓励民营企业参与军民两用高技术开发和产业化,允许民营企业按有关规定参与承担军工生产和科研任务

表 3－2(续)

文件名	年份	文件号	主要内容
《武器装备科研生产许可实施办法》	2010	工信部 总装备部第 13 号令	**第二条**　从事武器装备科研生产许可目录(以下简称许可目录)所列的武器装备科研生产活动,应当依照本办法申请取得武器装备科研生产许可;未取得武器装备科研生产许可的,不得从事许可目录所列的武器装备科研生产活动。但是,经国务院、中央军委批准的,以及专门的武器装备科学研究活动除外。本办法所称武器装备科研生产活动,是指武器装备的总体、系统、专用配套产品的科研生产活动。本办法所称专门的武器装备科学研究活动,是指武器装备领域的理论性、基础性科学研究活动。 **第四条**　武器装备科研生产许可根据武器装备及其专用配套产品的重要程度,分为第一类许可和第二类许可,武器装备科研生产许可的具体分类在许可目录中规定。许可目录由国家国防科技工业局(以下简称国防科工局)会同中国人民解放军总装备部(以下简称总装备部)共同制定和发布,并适时调整。 **第十条**　申请武器装备科研生产许可的单位,应当具备《武器装备科研生产许可管理条例》第七条规定的条件。其中,申请武器装备总体和系统科研生产许可的,还应当具有相应的工程组织、协调能力。 **第十五条**　国防科工局和地方国防科技工业管理部门受理申请后,应当组织专家对武器装备科研生产许可申请进行现场审查,总装备部许可协同管理部门指派驻军事代表机构参加。对因涉及国家核心机密不宜进行现场审查的,可以根据实际情况进行书面审查。专家现场审查所需时间不计算在本章规定的许可时限内。武器装备科研生产许可现场审查和专家管理的具体办法,由国防科工局和总装备部另行制定。 **第十九条**　武器装备科研生产许可证的有效期限为 5 年。武器装备科研生产许可证由国防科工局统一印制。 **第二十五条**　取得武器装备科研生产许可的单位,拟不再延续武器装备科研生产许可期限的,应当在许可证有效期届满 6 个月前向国防科工局书面报告。在国防科工局商总装备部做出妥善安排前,不得擅自停止武器装备科研生产。 **第二十七条**　取得武器装备科研生产许可的单位,应当履行下列义务:(一)遵守法律、行政法规和本办法的规定;(二)妥善保管武器装备科研生产许可证,严格保密管理,不得泄露武器装备科研生产许可证载明的相关内容;(三)在已取得的武器装备科研生产许可的范围内从事武器装备科研生产活动;(四)保持与所从事的武器装备科研生产活动相适应的科研生产能力;(五)按照国家要求承担武器装备科研生产任务,接受国家武器装备科研生产订货,按照合同要求提供合格的科研成果和武器装备或者配套产品;(六)在武器装备科研生产合同、产品出厂证书上标注武器装备科研生产许可证编号;(七)建立年度自查制度,按照要求提交年度自查报告;(八)接受国防科工局、地方国防科技工业管理部门和总装备部、派驻军事代表机构的监督检查

表 3－2(续)

文件名	年份	文件号	主要内容
《国防科工局总装备部关于鼓励和引导民间资本进入国防科技工业领域的实施意见》	2012	科工计〔2012〕733 号	一、鼓励和引导民间资本进入国防科技工业的原则和领域。(一)要按照走中国特色经济建设和国防建设融合发展式发展路子的要求,进一步扩大民间资本进入国防科技工业的领域和范围,完善鼓励和引导的政策措施,促进武器装备和国防科技工业发展。坚持积极鼓励、正确引导、同等对待、确保安全的原则,吸引和鼓励民间资本进入国防科技工业领域,在许可进入、任务竞争、税收优惠等方面对民间投资主体与国有军工企业实行同等待遇,加强安全保密和监督管理,确保国家秘密安全。(二)民间资本进入国防科技工业的领域包括:武器装备科研生产、国防科技工业投资建设、军工企业改组改制、军民两用技术开发。 二、允许民营企业按有关规定参与承担武器装备科研生产任务。(三)大力推行竞争性装备采购,吸纳符合条件的民营企业承担武器装备科研生产任务。科学设置装备市场准入条件,加快武器装备科研生产许可目录修订工作,优化许可管理范围并向社会发布。加强武器装备科研生产许可制度、装备承制单位资格审查制度和武器装备科研生产单位保密资格审查认证制度协调衔接,建立相互协调的审查认证管理机制,缩短审查认证周期。(四)民营企业可以通过与军工单位合作承担武器装备科研生产任务,也可以独立承担武器装备科研生产任务。对不直接涉及国家安全和军队机密、投资较小、通用性强、有较多合格承制单位的装备采购项目或配套任务,采用公开招标等方式鼓励民营企业参与竞争。 三、鼓励民间资本进入国防科技工业投资建设领域。(五)鼓励民间资本依据《国防科技工业社会投资领域指导目录(放开类)》,进入国防科技工业相关领域的投资建设。凡是符合该目录要求的,均不限制民间资本投资比例。(六)民间资本参与国防科技工业投资建设的渠道和方式按照《国防科技工业社会投资项目核准和备案管理暂行办法》执行,其中对于完全由民间资本投资的放开类项目,实行备案制,项目单位需上报备案申请表。对于既有政府投资、也有民间投资的放开类项目,按照《国防科技工业固定资产投资管理暂行规定》执行。 四、引导和支持民间资本有序参与军工企业的改组改制。(七)允许民间资本按照《国防科工委发展改革委国资委关于推进军工企业股份制改造的指导意见》,参与军工企业股份制改造。(八)军工企业改组改制引入民间资本的,要按照国资产委《关于国有企业改制重组中积极引入民间投资的指导意见》执行。其中,涉及武器装备及其科研生产能力的,要征求国防科工局、总装备部的意见。 五、鼓励民间资本参与军民两用技术开发。(九)鼓励民间资本参与开发军民两用技术和产品,参与政府组织的军工技术转民、军民两用技术开发项目。(十)对于政府组织的军工技术转民和军民两用技术开发科研项目,向国防

表 3－2(续)

文件名	年份	文件号	主要内容
《国防科工局总装备部关于鼓励和引导民间资本进入国防科技工业领域的实施意见》	2012	科工计〔2012〕733 号	科工局提出申请。其中涉及国防知识产权归属事项的,项目申请单位需事前征得国防科工局、总装备部国防知识产权管理部门同意。具体程序按相关办法执行。 六、加强对民间投资的服务、指导和规范管理。(十一)建立和完善军民结合公共服务平台,拓宽军民间信息交流渠道。建立武器装备采购信息发布制度,根据民营企业承担科研生产任务的专业领域和涉密等级,定期、定向发布装备采购信息及相关政策法规、标准规范和参与竞争的申办程序等。(十二)民营企业参与武器装备科研生产任务的,应按照《武器装备科研生产许可实施办法》和《中国人民解放军装备承制单位资格审查管理规定》,申请取得武器装备科研生产许可和装备承制单位资格。(十三)进入国防科技工业领域的民营企业,应强化保密意识,建立健全保密制度,落实保密责任。其中,申请承担涉密武器装备科研生产任务的民营企业,应按照《武器装备科研生产单位保密资格审查认证管理办法》,取得相应保密资格。(十四)承担武器装备科研生产任务的民营企业,应自觉接受政府和军队有关部门的监督检查,确保完成武器装备科研生产和建设任务。违反管理规定的,按照有关法律法规追究责任。对于贡献突出的民营企业,按照同等对待的原则,进行表彰和奖励。(十五)本意见鼓励进入相关领域的民间资本,仅限于境内资本,不包括外商投资和港澳台投资
《武器装备科研生产许可退出管理规则》	2013	科工管〔2013〕775 号	**第三条**　国防科工局负责全国的的武器装科研生产许可退出管理工作,组织审查拟退出单位退出武器装备科研生产对军工能力布局、军工关键设备设施、安全保密、任务转接或者替代的影响,并做出是否准予退出的决定。国防科工局武器装备科研生产许可管理办公室(以下简称国防科工局许可管理办公室)负责日常工作。总装备部协同开展武器装备科研生产退出管理工作。总装备部综合计划部负责审查拟退出单位的武器装备采购合同履行情况,协同审查拟退出单位退出武器装备科研生产对军工能力布局、军工关键设备设施、任务转接或者替代等方面的影响,并提出是否准予退出的意见
《关于加快吸纳优势民营企业进入武器装备科研生产和维修领域的措施意见》	2014	装计〔2014〕第 809 号	(一)实施分类审查准入。根据装备重要和涉密程度,将装备承制(含承研、承修,下同)单位分为三类。第一类是武器装备的总体,关键、重要分系统和核心配套产品(即列入国防科工局、总装备部发布的《武器装备科研生产许可目录》内的专业或产品)的承制单位。在通过保密资格认证和质量体系认证基础上对申请企业进行许可审查、资格审查。第二类是武器装备科研生产许可目录之外的专用装备和一般配套产品的承制单位,只对申请企业进行资格审查,不再进行许可审查和强制性武器装备质量体系认证(需建立武器装备质量管理体系,在资格审查时一并进行审核)。对本类承制单位的保密要求:产品本身不涉密但背景、用途等涉密的,由采购方和承制方签订保

表 3－2(续)

文件名	年份	文件号	主要内容
《关于加快吸纳优势民营企业进入武器装备科研生产和维修领域的措施意见》	2014	装计〔2014〕第809号	密协议;应急或短期生产秘密级产品的,由采购方按照有关保密标准和程序对承制方进行保密审查,签订保密协议,提出保密要求;生产机密级(含)以上的产品或长期承担涉密武器装备科研生产任务的,实行保密资质认证。第三类是军选民用产品的承制单位,申请企业需建立国家标准质量管理体系,只进行资格审查(以文件审查形式为主)。对参与军选民用产品招标竞争的企业不设特别资格限制,凡产品及服务符合招标要求的企业均可参加投标,中标企业经资格审查后,可注册第三类装备承制单位资格。积极鼓励企业自主创新研究,承担装备预研计划中应用基础研究、应用开发研究任务的单位,不需进行资格审查。 (二)建立跨部门审查工作协调机制。建立保密资格认证、质量体系认证、许可审查和资格审查工作协调机制,明确工作协调组织形式和内容。建立定期协调制度,保证各部门在受理、审查等方面相互协调、同步推进。严格各类审查工作节点时限要求,确保按期完成审查和审批。对于确因程序原因无法及时取得保密资格的第二类装备承制单位,可先行注册装备承制单位资格,并要求企业在签订涉密合同前取得相应的保密资格。 (三)改进质量体系认证工作。对第一类装备承制单位实施强制性武器装备质量体系认证,第二、三类装备承制单位可自愿申请武器装备质量体系认证。简化质量体系认证流程,取消认证申请推荐环节,精简认证审批程序,将认证注册周期控制在6个月之内。扩充认证机构数量,吸收通过保密审查、具备良好信誉和较高审核能力的认证机构参与认证。逐步推行质量体系分级认证。 (四)逐步推进许可和承制资格的联合审查。国防科工局和总装备部修订《武器装备科研生产许可专业(产品)目录》,进一步精简优化许可审查管理范围,经降密处理后向社会公开发布。建立许可审查和资格审查联合审查机制,修订完善相关规章,推进"两证"联合审查。 (五)统一设立资格审查申请受理点。按照专业类别和地域分布,依托全军各军事代表局或总部有关部门授权的机构,设立军队资格审查申请受理点,并向社会公布。各申请受理点负责对企业承制资格申请材料进行形式审查,明确承制单位类别及受理意见,对企业提出是否需开展许可审查、质量体系认证、保密资格认证及其认证等级提供相关政策法规咨询服务。 (六)规范保密资格认证等级审核工作。省级国防科技工业管理部门、各军工集团公司总部和军队各资格审查申请受理点,在各自职责范围内。根据企业承担或拟承担项目的密级,依照定密管理有关规定,审核企业保密资格认证级别。其中,军队下达的装备采购计划,组织签订的装备采购合同(含配套合同)涉及的保密资格认证申请单位,由申请企业持军队资格申请受理点出具的保密资格认证级别建议,到相关保密资格认证机构申请认证。

表 3－2(续)

文件名	年份	文件号	主要内容
《关于加快吸纳优势民营企业进入武器装备科研生产和维修领域的措施意见》	2014	装计〔2014〕第 809 号	(七)建立承制单位资质联合监管机制。构建保密资格认证、质量体系认证、许可审查和资格审查工作联合监管机制,在各管理部门之间建立重大问题、重大情况通报制度。加大军事代表机构对民营企业监管力度,完善合同履约信誉等级评价和年度资格监督报告制度,健全退出管理机制。 (八)取消各类收费制度。各类审查认证和监督检查均不得收取企业任何费用。加强审查认证从业人员教育和监督,严格控制现场审查人数,严禁变相收费,严禁向企业推销指定的设施设备和培训资料。各主管部门应向社会公开投诉渠道,加强纪律监督和责任追究
《竞争性装备采购管理规定》	2014	装法〔2014〕3 号	**第五条**　装备采购部门应当积极开展竞争性采购,任何单位及个人不得故意限制和规避竞争,不得妨碍公平竞争。对于单一来源装备采购项目,其分系统或配套产品具备开展竞争性采购条件时,应当开展竞争性采购。对于技术风险可控、研制周期不长、装备技术状态和采购数量明确、规划计划和经费落实、具备竞争条件的装备采购项目,应当区分情况优先开展预先研究与研制一体化,研制与购置一体化,购置与维修一体化,或者科研、购置、维修一体化竞争性采购。 **第十四条**　按照下列原则确定竞争性采购项目信息发布对象(单位):(一)已经列入《装备承制单位名录》,或已经通过装备承制单位资格审查,具有与承担任务相适应专业技术能力的企事业单位;(二)具有与承担任务相适应专业技术能力,并具备相应级别武器装备科研生产保密资格的企事业单位。军选民用产品的装备采购项目信息发布对象,应包括通过质量管理体系认证、具有与承担任务相适应专业技术能力的企事业单位。装备预先研究的应用基础研究、应用开发研究项目的信息发布对象,应包括具有与承担任务相适应专业技术能力的企事业单位
《国务院办公厅关于加强和改进企业国有资产监督防止国有资产流失的意见》	2015	国办发〔2015〕79 号	五、强化国有资产损失和监督工作责任追究 (十五)加大对国有企业违规经营责任追究力度。明确企业作为维护国有资产安全、防止流失的责任主体,健全并严格执行国有企业违规经营责任追究制度。综合运用组织处理、经济处罚、禁入限制、纪律处分和追究刑事责任等手段,依法查办违规经营导致国有资产重大损失的案件,严厉惩处侵吞、贪污、输送、挥霍国有资产和逃废金融债务的行为。对国有企业违法违纪违规问题突出、造成重大国有资产损失的,严肃追究企业党组织的主体责任和企业纪检机构的监督责任。建立完善国有企业违规经营责任追究典型问题通报制度,加强对企业领导人员的警示教育。

表 3－2(续)

文件名	年份	文件号	主要内容
《国务院办公厅关于加强和改进企业国有资产监督防止国有资产流失的意见》	2015	国办发〔2015〕79 号	(十六)严格监督工作责任追究。落实企业外部监督主体维护国有资产安全、防止流失的监督责任。健全国有资产监管机构、外派监事会、审计机关和纪检监察、巡视部门在监督工作中的问责机制,对企业重大违法违纪违规问题应当发现而未发现或敷衍不追、隐匿不报、查处不力的,严格追究有关人员失职渎职责任,视不同情形分别给予纪律处分或行政处分,构成犯罪的,依法追究刑事责任。完善监督工作中的自我监督机制,健全内控措施,严肃查处监督工作人员在问题线索清理、处置和案件查办过程中违反政治纪律、组织纪律、廉洁纪律、工作纪律的行为
《装备承制单位资格审查管理规定(节选)》	2015	装法〔2015〕2 号	**第二条** 本规定是中国人民解放军组织实施装备承制单位资格审查工作的基本依据。装备承制单位资格审查是指军队装备部门对申请装备承制资格的单位(以下简称申请单位)进行审查、审核、注册和监督管理等一系列活动。本规定所称装备承制单位,是指承担武器装备及配套产品科研、生产、修理、技术服务任务的单位。 **第五条** 装备承制单位资格实行分类审查制度。第一类装备承制单位,是指承制装备的总体,关键、重要分系统和核心配套产品的单位;第二类装备承制单位,是指承制其他军队专用装备和一般配套产品的单位;第三类装备承制单位,是指承制军选民用产品的单位。 **第八条** 装备承制单位资格经审查、核准后,由总装备部统一注册,编入《装备承制单位名录》(以下简称《名录》)。装备采购应当从《名录》中选择承制单位,特殊情况应当报总装备部批准。 **第十五条** 对装备承制单位资格审查的内容包括:(一)法人资格;(二)专业技术资格;(三)质量管理;(四)财务资金状况;(五)履约信用;(六)保密管理;(七)总装备部要求的其他内容。 **第十七条** 申请单位应当具有与申请承担任务相适应的专业(行业)技术资格,以及专业技术人员、设备设施、检验试验手段、产品标准和技术文件。申请第一类装备承制单位资格的,应当取得武器装备科研生产许可证书。对专业技术资格审查的内容包括:(一)科技管理;(二)人力资源;(三)设备设施;(四)测量设备;(五)产品标准与技术文件;(六)核心技术与关键技术;(七)主要配套单位协作关系;(八)专业(行业)准入行政许可。 **第十八条** 申请单位应当具有健全的质量管理体系,具备与申请承担任务相当的质量管理水平和质量保证能力。申请第一类装备承制单位资格的,应当取得武器装备质量管理体系认证证书;申请第二类装备承制单位资格的,应当取得国家标准的质量管理体系认证证书,并建立武器装备质量管理体系;申请第三类装备承制单位资格的,

表 3－2(续)

文件名	年份	文件号	主要内容
《装备承制单位资格审查管理规定（节选）》	2015	装法〔2015〕2 号	应当取得国家标准的质量管理体系认证证书。对质量管理审查的内容包括:(一)质量管理体系总要求;(二)体系文件;(三)质量管理机构;(四)文件管理;(五)管理职责;(六)产品实现;(七)测量、分析和改进。 **第二十一条**　申请单位应当健全保密组织,完善保密管理制度,按国家有关规定配备保密设备,近三年内未发生重大失泄密事件。承担涉密项目、产品的申请单位应当具备与申请承担任务相当的保密资格。申请第一类装备承制单位资格的,应当通过武器装备科研生产保密资格认证;申请第二类装备承制单位资格的,由采购方与承制单位签订保密协议或通过相应的保密资格认证;申请第三类装备承制单位资格的,根据保密工作需要应向采购方提供保密承诺书。对保密管理审查的内容包括:(一)保密组织;(二)保密制度;(三)保密资质;(四)计算机与自动化办公系统;(五)保密检查
《关于经济建设和国防建设融合发展的意见》	2016	中发〔2016〕12 号	(十)深化国防科技工业体制改革。进一步打破行业封闭,立足国民经济基础,突出核心能力,放开一般能力,推进社会化大协作,调整优化武器装备科研生产能力和结构,推进军工企业专业化重组。完善国防科研生产管理和武器装备科研采购制度,深入推进竞争性采购,在健全竞争、评价、监督、激励机制上迈出更大步伐。扩大引入社会资本,积极稳妥推进混合所有制改革试点,深化军工企业股份制改造,完善军工上市公司监管制度。加快引导优势民营企业进入武器装备科研生产和维修领域,健全信息发布机制和渠道,构建公平竞争的政策环境。调整完善武器装备科研生产许可和装备承制资格制度,简化管理程序,激发市场活力

三、“民参军”政策措施分析

进入21世纪以来，国家不断加大国防科技工业和装备采购体制的改革力度，特别是2005年国务院发布了《关于鼓励支持和引导个体私营等非公有制经济发展的若干意见》，引发了“民参军”领域的一股热潮。随着社会各界对经济建设和国防建设融合认识的不断深入，政府层面愈加重视经济建设和国防建设融合战略的实施，《关于非公有制经济参与国防科技工业建设的指导意见》《关于进一步推进民用技术向军用转移的指导意见》《关于大力发展国防科技工业民用产业的指导意见》等一系列政策措施相继出台。但是，目前的“民参军”政策体系仍有不完善的地方，对“民参军”工作形成了阻碍。

（一）民口企业获取准入资质的制度成本过高

一是管理审批存在交叉。在现行管理制度下，按所从事军品任务类型，企业进入武器装备科研生产市场，需要获得武器装备科研生产保密单位证书、武器装备质量体系认证证书、武器装备科研生产许可证和装备承制单位注册证书等四项资质（简称“四证”）或其中部分资质。这些资质的审查、审批和管理涉及政府和军队多个管理部门，企业在申请过程中需要面对多个部门、多重标准、多次考验。此外，一些从事信息系统行业的企业在承担相关武器装备科研生产之前，还需要通过国家保密管理部门组织的“涉及国家的计算机信息系统集成单位资质”等。这些资质存在重复设置、管理交叉现象，在一定程度上阻碍了部分民口高新技术企业进入武器装备市场。而且，一些资质的多头管理还导致了不同机构认证的资质的受认可程度不同的现象。在江苏实地调研中多家民企反映，对于国家军用行业标准体系，军方只认可新时代认证的，而对于有同等资格认证的其他机构（如军友）却不认可，而且，不同军兵种对于由同一个机构认证的资质的认可情况也不同。

二是获取资质证书的周期过长。获取参与武器装备科研生产的四个证书关联性很强，例如，取得“武器装备科研生产保密单位证书”和“武器装备质量体系认证证书”是取得“武器装备科研生产许可证”或“装备承制单位注册证书”的前提，这增加了民口企业申请“四证”时间。此外，申请办理武器装备科研生产资质的民口企业多，而在全国设置受理资质审核的机构较少，企业排队等待审批时间长。据调研，民口企业反映获得全部“四证”，一般需要两年甚至更长时间。

三是资质的后期维护成本高。企业参与武器装备科研生产不仅需要取得军工“四证”，还需要取得安全、环保等证书，各证书的审查周期不同，每年需要投入很大的人力、物力和财力来维护。就军工“四证”而言，一般情况下，需要有一位

企业主管领导专门负责管理，保密资质和质量资质需要有专职人员管理。保密资质两年复审一次，一年一次自查；生产许可资质每年一次监督抽查；质量资质每年一次监督审查；还有一些非常规性监督审查；等等。据调研，企业每年维护这些证书的成本都在十几万元至上百万元之间。

四是许可目录精简配套政策滞后。尽管国家为了放宽民企“参军”范围而对许可证目录进行了大幅精简，但是税收优惠等相关政策没有随之调整，导致企业在旧目录中还能享受免税优惠，而精简之后却享受不了免税优惠，实际增加了企业的“参军”成本，反而打击了民企“参军”的积极性。从调研的情况看，几乎所有被精简掉的企业都寻求重新加入目录，这违背了国家精简许可目录的初衷。

（二）军工行业自我封闭状况突出

我国国防科技工业是在国家工业基础十分薄弱的情况下建立的，那时不得不将必要的配套能力设置在军工系统内，从而形成围绕最终产品，主要供应链几乎全部纳入行业式组织体系中的工业结构。改革开放后，我国国家工业技术水平发展迅速，国防科技工业虽然几经调整，但仍保留自成一体的原有结构，行业分割、自我封闭的军工体系未得到根本改变，对国家基础工业中的优势能力进入产生自然的排斥效应，武器装备科研生产供应链难以向国家工业基础延伸。而且，以经济规模为导向的考核制度，导致军工集团不愿意把任务分配给其他集团和民口单位，即使其他集团和民口有技术优势，也倾向于在内部建立较为完整的配套体系，甚至存在军工集团收购外部单位的情况，对市场竞争造成不利影响。

这种现象也与军方和军工单位对民营企业的信任程度密切相关。由于武器装备研制涉及国家安全，影响重大，军方和军工单位担心民营企业在武器装备研制的关键阶段“顶不上、撂挑子、掉链子”，从而影响整个研制的进度和质量，所以军方和军工单位在任务分配时具有“国家队”优先的倾向。

（三）军民标准协调机制不顺

我国实行国家军用标准和民用标准两套标准体系，但两种体系之间存在协调不足、兼容不够的问题。民用标准由国家标准化管理委员会统一管理，军用标准由军委装备发展部归口管理，这种条块管理的军民用标准化管理制度导致军民标准的研究、制定、修订和贯彻各自为营，军地双方缺少协调互动，难以形成军民用优势标准相互借鉴、相互补充的机制。同时，随着民用领域相关技术的快速发展，有些军用标准已经落后于民用标准，但自成体系的军用标准致使民口单位承接军用任务时，不得不另起炉灶、单独建设，导致成本增加、效率降低，在很大程度上阻碍了国家民用工业中的高新技术进入国防科技工业领域。

(四)军民之间信息沟通渠道不畅

由于武器装备涉及国家安全,其需求信息客观上是不能完全对社会公开的,武器装备领域的信息不对称问题是世界各国普遍存在的。在成熟市场经济国家,武器装备的需求信息公开比例相对较大,近年来我国虽然逐步建立起相关信息发布平台网站,但发挥作用仍相对有限。据有关部门调研,“信息交流不畅”是目前民口企业参与武器装备科研生产的主要困难。77.6%的非军工集团单位将“信息不通”作为进入军品科研生产领域的主要困难,58.3%的单位将其作为第一困难因素。

(五)公平的市场竞争环境有待完善

民口企业尤其是民营企业无法与国有军工企业享受同等的优惠待遇。招投标方面,一些军工科研生产领域的招标、邀标、竞标过程中,存在民企优先权低于国有军工企业的现象,企业资质、软硬件实力、技术水平、价格等要素权重比例失衡、不合理。财政税收方面,国有军工企业生产军品不仅可以享受到国家固定资产投资政策的优惠,而且可以享受免税政策;民企虽然也能享受免税政策,但主要是先征后返,返税手续的办理程序复杂、周期冗长,有些民企甚至放弃此项优惠。投融资方面,“参军”的民营企业一般都是科技型的轻资产企业,而且由于军品的回款速度慢、周期长等特点,这些企业难以获得银行较高的授信,从而无法获得足够的贷款。

此外,当前军品价格体制实行的是“双轨制”价格政策,即总体产品实行的是“成本+5%利润”的定价模式,而配套产品的价格则由市场供需关系决定。这种“双轨制”定价模式,事实上造成了民营企业与军工企业竞争的弱势地位,同时也使军工企业习惯于按计划不计成本且能“旱涝保收”的科研生产模式,而不愿意参与市场竞争。

(六)“参军”民营企业人才流失严重

“参军”民营企业对于人才的职称评审通道无法保障。相对于国有企业可以在内部评审,民营企业只能向政府相关部门申请评审,但是由于“参军”民企涉及保密等要求,无法公开相关的证明材料,使得企业内做军品的员工无法获得职称晋升,打击了员工做军品的积极性。

第三节　我国军民资源共享现状及政策措施

军民资源开放共享是经济建设和国防建设融合发展工作的重要内容,党中央对此给予了高度重视和明确指示。党的十八届三中全会指出,要在国家层面建立推动经济建设和国防建设融合发展的资源共享机制,凸显了军民资源共享的重要性。2016 年,中共中央、国务院、中央军委出台《关于经济建设和国防建设融合发展的意见》,明确指出"军地业务主管部门共同拟制发布资源共享目录,制定资源共享办法,构建资源共享平台,提高资源使用效率,促进军地资源合理流动和优化配置",这意味着军民资源共享工作进入深化推进的新阶段。

一、军民资源共享工作现状

近年来,在中央和各级政府的推动下,我国军民重大科技设备设施共享取得一定突破,一些部门搭建了军民间信息共享平台,规范资源共享开放活动,有效促进了军民资源共享,减少了重复建设。同时,一些阻碍因素依然存在,为此需要从国家层面进行体制调整,进一步破除利益藩篱,打破军民固有界限,理顺军民资源共享运行机制。

(一)军民资源共享成就

近年来,工信部、国防科工局组织建设了大型飞机重大基础设施、船舶耐波性水池、大型深水拖曳水池等一批基础试验设施,均面向民品研发开放,鼓励工业基础领域国防科技重点实验室与国家重点实验室、军工重大试验设备设施与国家重大科技基础设备设施相互开放、共建共享。科技部积极推进军民共建国家重点实验室建设,围绕军民共用的重大科学技术问题开展军民共用的基础研究和应用基础研究。

地方层面推进军民资源共享也进行了积极有益的探索。例如,陕西省有关部门采取了一些措施和办法,包括:一是在省级层面建立了陕西科技资源统筹中心,西安市依托高新区设立了西安科技大市场,将推动军民科技资源共享作为重点任务;二是省市科技管理部门相继出台了一些促进资源共享的政策措施,如对信息采集和实现共享的单位给予一定的资金补助等。

(二)军民资源共享问题

近年来,我国军民资源共享工作虽然取得了积极进展,但总体看阻碍因素依然存在。

一是军口科研设备设施共享严重滞后于民口。我国民口领域大型科学仪器设备设施开放共享工作启动较早,2003 年便建立了由财政部、科技部等 16 个部委组成的平台建设部际协调小组,启动了国家科技基础条件平台建设;2004 年颁布了《中央级新购大型科学仪器设备联合评议工作管理办法》,许多省市也陆续出台了地方性大型科学仪器设备联合评议办法。军口虽然拥有大量可军民两用的大型科学仪器设备设施,但几乎与民口间没有实现共享,甚至在军口内部的不同部门、不同单位间资源共享程度也极低。

二是生产设备设施共享严重滞后于科研设备设施。大型生产设备设施动辄上千万、上亿元投入,是军民资源共享中价值量最大的部分,但目前无论是军口还是民口,均未建立起资源共享体系和平台,造成一些资源大户设备设施时有闲置,而另一些资源渴求用户却难以共享。

三是国家和国防重点实验室间开放共享程度较低。尽管有一些国家重点实验室是按照"军民结合、寓军于民"国防科技创新体系建设的需要,由军地双方联合共建,但目前大多数国家重点实验室和国防科技重点实验室之间开放共享程度还比较低。总体来看,国家重点实验室对军口单位相对开放较多,但国防科技重点实验室向地方民口开放程度相对有限。

二、军民资源共享政策措施出台情况梳理

2016 年 5 月,中共中央、国务院、中央军委印发了《关于经济建设和国防建设融合发展的意见》(中发〔2016〕12 号)。该意见着眼国家安全和发展战略全局,是新形势下经济建设和国防建设融合发展的纲领性文件;对军民资源共享工作做出了重大部署,明确提出要"规范需求对接,促进资源共享","军地业务主管部门共同拟制发布资源共享目录,制定资源共享办法,构建资源共享平台,提高资源使用效率,促进军地资源合理流动和优化配置"。本部分针对军民资源共享政策措施出台情况进行梳理,查摆问题并提出建议,意义重大,是对上述意见要求的具体落实。

现有军民资源共享政策可以分为军民设备设施资源共享政策、军民信息资源共享政策、军民协同创新机制政策等三类领域。

(一)军民设备设施资源共享政策

近年来,工信部、国防科工局等部门出台了一系列政策措施推广军民设备设施资源共享,为健全军民设备设施管理奠定了基础。

1. 军民领域综合性设备设施共享政策

我国民口领域大型科学仪器设备设施开放共享工作启动较早，2003 年，便建立了由财政部、科技部等 16 个部委组成的平台建设部际协调小组，启动了国家科技基础条件平台建设。2004 年，《国务院办公厅转发科技部等部门 2004—2010 年国家科技基础条件平台建设纲要的通知》（国办发〔2004〕55 号）发布。在由科技部、发展改革委、教育部、财政部制定的《2004—2010 年国家科技基础条件平台建设纲要》中指出，在巩固区域性大型科学仪器协作共用网的基础上，推进大型科学仪器、设备、设施的建设与共享，逐步形成全国性的共享网络，提高仪器、设施的综合利用效益。此纲要从政策体系的层面提出要建立以共享为核心的制度体系，制定、公布《科技资源管理法》，加快推进修改、制定一系列配套的法律、法规、规章和标准，明确各相关主体的责任、权利和义务，建立和完善激励机制和评估监测机制，推进管理方式创新，创造公共资源公平使用的法制环境。

2004 年，针对中央级大型科学仪器设备建设和管理中存在的条块分割、自我封闭、使用效率低下等问题，财政部颁布了《中央级新购大型科学仪器设备联合评议工作管理办法》（财教〔2004〕33 号），自 2004 年开始启动中央级新购大型科学仪器设备联合评议工作，逐步解决建立健全大型科学仪器设备共用共享机制。该管理办法对实行联合评议的“大型科学仪器设备”进行了界定，“大型科学仪器设备”是指价格在 200 万元人民币以上，在科学研究、技术开发及其他科技活动中使用的单台或成套仪器设备。并且依托国家科技基础条件平台建设专项，在中国科技资源共享网上开通了大型科学仪器设备共享平台。值得一提的是，许多省市也陆续出台了地方性大型科学仪器设备联合评议办法。

在军民领域综合性设备设施共享政策顶层设计方面，原国防科工委着力推进国防科工体系的科技资源共享，先后发布了《关于进一步推动科研基地和科研基础设施向企业及社会开放的若干意见》（国科发基〔2006〕558 号）和《关于加强国防科技资源共享的指导意见》（科工技〔2008〕165 号）等一系列文件，明确要求加强科研实验、设施设备、文献信息与数据等资源的开放共享力度。但由于大部制调整后机构设置发生了变化，该项工作开展得还不充分。但上述文件对该领域基本概念和范围进行了规范性的界定，为后续工作奠定了基础。例如，《国防科工委关于加强国防科技资源共享的指导意见》明确指出国防科技资源主要是指在信息、网络等技术支撑下，由国家研究实验基地、大型科学设施与仪器设备、科学数据与信息、标准计量与检测技术体系、科技成果等组成的资源。国防科技资源共享，是指在确保国家安全的前提下，上述资源在企事业单位之间、行业之间和军民之间等实现互通互用与有偿利用。

2010 年，《国务院 中央军委关于建立和完善军民结合、寓军于民武器装备科

研生产体系的若干意见》(国发〔2010〕37 号),明确提出促进科研条件和频谱资源的军民共享。进一步推动军工与民用科研机构的开放共享与双向服务。推动现有军民大型科研设施的相互开放,新建项目兼顾军民两用,加强统筹规划,面向全国合理布局和建设。统筹军民需求,进一步提高无线电频谱资源使用的科学性和有效性。

2013 年,《国务院关于印发国家重大科技基础设施建设中长期规划(2012—2030 年)的通知》(国发〔2013〕8 号)发布,明确提出要强化开放共享;健全重大科技基础设施开放共享制度,最大限度发挥其公共平台作用;健全用户参与机制,形成科研院所、高等学校、企业等多方共建、共管和共享的局面。统筹安排开放共享配套条件建设,提高设施科研服务能力;将开放共享程度作为设施运行考核的重要指标,根据评价结果配置运行资源。

2014 年 12 月,国务院针对近年来出现的科研设施与仪器利用率和共享水平不高等问题,发布了《国务院关于国家重大科研基础设施和大型科研仪器向社会开放的意见》(国发〔2014〕70 号)。该意见提出,力争用三年时间,基本建成覆盖各类科研设施与仪器、统一规范、功能强大的专业化、网络化管理服务体系,科研设施与仪器开放共享制度、标准和机制更加健全,建设布局更加合理,开放水平显著提升,分散、重复、封闭、低效的问题基本解决,资源利用率进一步提高;明确要分阶段实施改革,并将于 2017 年由科技行政主管部门对管理单位的科研设施与仪器向社会开放情况进行评价考核,并向社会公布评价考核结果。

2015 年 12 月,国防科工局出台了《关于加快推进国防科技工业科技协同创新的意见》(科工技〔2015〕1213 号),明确指出要推动国防科技创新平台和设备设施开放共享;通过政策引导、科研和建设资金投入拉动,以及市场化运作等方式,有序推进国防科技重点实验室、国防重点学科实验室、技术创新中心、重大科研设备设施等向社会开放,加强各类创新平台基础条件和数据资源共享;制定国防科技资源开放共享管理办法,发布开放目录清单,建立国防科技创新平台和科研设备设施开放共享长效机制。

2. 行业性设备设施资源共享政策

为推动军民用资源共享,促进大型设备设施在军工和民用领域的开放共享,减少对重大设备设施的重复投资建设,提高资源利用效率,国家在这方面做出了积极探索。2013 年,《工业和信息化部办公厅关于推荐〈军民大型设备设施资源共享目录〉信息的通知》下发各省、自治区、直辖市工业和信息化主管部门。根据工作安排,先期主要围绕“电子信息类设备设施”和“基础制造类设备设施”,面向全国企业、科研机构和高校,采集可向军工和民用领域开放的原采购价值在 500 万元人民币以上的大型设备设施信息。

2014 年，工信部选取航空工业为试点，组织编制完成《军民两用设备设施资源信息共享名录（航空工业）》，并于 12 月下旬以工信部办公厅文件形式正式发布。该名录编制工作共梳理出航空工业 466 项可共享的设备设施资源，涉及系统试验类、专项试验类和生产类等 3 大类军民两用设备设施，含机载设备科研设备设施、航空器飞行试验设备设施、环境试验设备设施、无损检测设备、计量标准器具、其他仪器及装置、金属切削机床、锻压及铸造设备、金属切割和焊接及表面处理设备、复材加工设备、材料试验机及真空应用设备 11 小类。针对不同用户，名录分为公开版和涉密版两个版本。公开版收录 3 大类 11 小类共 225 项军民两用设备设施资源，面向全社会公开发布；涉密版收录 3 大类 11 小类共 241 项在军工行业内具有共享价值而不宜公开发布的秘密级设备设施信息，面向各军工集团公司发布共享。

2015 年 8 月，《工业和信息化部办公厅关于印发〈军民两用设备设施资源信息共享名录（锻压设备设施）〉的通知》向各省、自治区、直辖市军民结合主管部门，各军工集团公司，中国工程物理研究院印发。该名录是工信部为推动经济建设和国防建设融合深度发展，促进资源互动共享，提高军民两用设备设施利用效率，针对锻压行业民口单位可向军工科研生产领域开放共享的设备设施资源而组织编制的。该名录收录设备设施资源有偿使用，具体费用及结算方式由产权单位与使用单位协商确定。

2015 年 10 月，国家发展和改革委、财政部和国防科工局联合下发了关于印发《国家民用空间基础设施中长期发展规划（2015—2025 年）》的通知。通知指出，此规划旨在探索国家民用空间基础设施市场化、商业化发展新机制，支持和引导社会资本参与国家民用空间基础设施建设和应用开发，积极开展区域、产业化、国际化及科技发展等多层面的遥感、通信、导航综合应用示范，加强跨领域资源共享与信息综合服务能力，加速与物联网、云计算、大数据及其他新技术、新应用的融合，促进卫星应用产业可持续发展，提升中国空间基础设施全面支撑经济社会发展的水平和能力。

（二）军民信息资源共享政策

2008 年，国务院发布《国家知识产权战略纲要》，提出要建立国防知识产权信息平台。指导和鼓励各地区、各有关行业建设符合自身需要的知识产权信息库。促进知识产权系统集成、资源整合和信息共享。同年，国防科工委发布《关于加强国防科技资源共享的指导意见》中提出，进一步完善国防科技资源共享组织管理、知识产权管理等保障运行制度，制定国防科技资源共享的保密、降密、解密管理办法和考核、评价办法；建立技术转移成果和科技资源共享信息制度。

2010 年,《国务院 中央军委关于建立和完善军民结合、寓军于民武器装备科研生产体系的若干意见》,明确提出要强化信息共享服务;在符合国家安全保密规定的前提下,拓宽信息发布渠道;分类、分级发布武器装备发展需求和任务信息,为民用企事业单位参与武器装备科研生产及时提供信息服务;建立政府公共信息服务平台,为政府、军队、军工及民用企事业单位的信息交流合作提供支撑。

2015 年,国防科工局出台了《关于加快推进国防科技工业科技协同创新的意见》,提出建立规划衔接和信息共享机制;指出要建设国防科技工业科技信息管理平台,做好与国家科技计划管理信息系统的对接。

另外,近年来工信部和国防科工局联合推动军民信息互通。编制印发年度《军用技术转民用推广目录》和《民参军技术与产品推荐目录》,在推动"军转民"和"民参军"工作上取得了较好的效果。同时,改版开通国家经济建设和国防建设融合公共服务平台,丰富了信息资源,进一步完善了服务功能。

(三)军民协同创新机制政策

2006 年,《国家中长期科学和技术发展规划纲要(2006—2020 年)》和《国务院关于实施〈国家中长期科学和技术发展规划纲要(2006—2020 年)〉若干配套政策的通知》发布。两份文件对全面推进中国特色国家创新体系建设做出了系统部署。其中,规划纲要明确指出要建设军民结合、寓军于民的国防科技创新体系,要求从宏观管理、发展战略和计划、研究开发活动、科技产业化等多个方面,促进军民科技的紧密结合,加强军民两用技术的开发,形成全国优秀科技力量服务国防科技创新、国防科技成果迅速向民用转化的良好格局。

2010 年,《国务院 中央军委关于建立和完善军民结合、寓军于民武器装备科研生产体系的若干意见》,明确提出依据科技创新的需要,建立高等学校、民用科研机构与国防科研机构的协作机制,组织重大科研项目的联合攻关,加强重要技术储备,实现科技资源的共享。

2015 年,国防科工局出台了《关于加快推进国防科技工业科技协同创新的意见》,就大力推进军民协同创新,构建协同高效国防科研体系做出了系列部署。该意见提出要按照建立健全"小核心、大协作、专业化、开放型"武器装备科研生产体系的要求,构建完整高效、开放融合的国防科研体系;同时,要完善国防科技协同创新机制,建立顶层协调机制,充分发挥政策、制度引导作用和市场基础性作用,促进知识成果、设备设施等科技资源的开放共享,最大限度地服务于国防科技创新。

2016 年 5 月,中共中央、国务院、中央军委印发了《关于经济建设和国防建设融合发展的意见》,明确提出"加强科技领域统筹,着力提高军民协同创新能力",

并提出三大任务，具体事项十分广泛，核心是实现军事技术和国家科技两大体系之间在组织管理、资源投入、科研活动、科技成果上的统筹协调、共用共享。

三、军民资源共享政策措施分析

近年来，我国军民资源共享工作取得了积极进展，顶层设计得到进一步完善。2004 年我国就颁布实施了《中央级新购大型科学仪器设备联合评议工作管理办法》，并依托国家科技基础条件平台建设专项，在中国科技资源共享网上开通了大型科学仪器设备共享平台。原国防科工委在推进国防科工体系的科技资源共享方面，也先后发布了一系列文件，但由于大部制调整后机构设置发生了变化，该项工作目前开展得还不充分。

但总体看，阻碍军民资源共享的因素依然存在，政策因素是其中重要原因。目前，军民资源共享还存在政策不到位、政策相对割裂和政策缺位等方面的问题。

（一）军民设备设施资源共享领域政策不到位

军民设备设施共享政策方面，民口领域陆续出台了一系列开放共享政策，但针对军口领域的政策存在不到位的问题。目前，军口虽然拥有大量可军民两用的大型科学仪器设备设施，但几乎与民口间没有实现共享，甚至在军口内部的不同部门、不同单位间，资源共享程度也极低，究其原因主要有两个：一是经济上无压力，缺少有效的激励机制造成各类资源主体，特别是军口单位感觉推进共享无利可图，在经济上缺少动力开展共享工作。现有军工单位早已扭转之前的亏损状态，多数单位军品任务饱满，对通过共享设备设施等资源获取收益的需求并不迫切。同时，军口资源往往涉及大型关键国防设备设施，该类设备设计与制造技术难度大，初始投资巨大，运行和折旧成本较高，即便对民口开放，就使用成本而言，民口单位也一般难以承担。二是政治上无动力，军口单位的科研干部、科技人才对资源共享的理念比较淡薄，加之军口单位承担军品任务要承担保密责任，担心因资源共享发生失泄密事件，对企业发展而言得不偿失，因此对推进资源共享经常存在顾虑。

（二）军民信息资源共享领域政策相对割裂

目前，专门规定军地信息共享的政策制度和法律法规还不够健全，大都是在相关法规、条例、规章制度中提及，没有形成制度化的政策。军民分割体制机制的长期存在导致军民信息资源共享领域政策分割。

一是军民间协调机制不畅。首先，目前我国军口和民口间军民分割、自成体

系,民口资源、军口资源多头管理、缺乏顶层协调机制的问题,多年来未得到实质性解决。其次,军口资源协调管理机制没有建立。军队和工业管理部门分属于军委和国务院两大序列,相互协调甚至比政府部门间更加困难。再次,工业管理部门内部也存在协调机制不畅问题。

二是未形成统一的军地资源信息化共享平台。民口方面,到目前初步形成了以平台为基础的覆盖全国的科技资源共享体系,该体系包括研究试验基地和大型科学仪器设备、自然关键设施设备等六大类共享平台,面向社会开通了“中国科技资源共享网”。而在军口方面,各管理部门以本部门为中心,各自建立起以本部门掌握资源为主的信息化平台,目前也尚未形成统一的基于军口资源的信息化共享平台。

(三)军民协同创新机制领域政策缺位

尽管早在2006年,《国家中长期科学和技术发展规划纲要(2006—2020年)》就明确指出要建设军民结合、寓军于民的国防科技创新体系。但政策资源提供不及时,缺乏国家层面的统筹协调机制和切实可行的配套政策,以及军民双方科研体系在体制机制方面的巨大差异,导致国防科技创新体系建设始终没能有效纳入国家创新体系进行统筹建设和管理。当前,在社会主义市场经济体制基本确立的形势下,要推动军民协同创新,必须突破固有的思维观念束缚,把加快国防科技和武器装备领域的体制机制改革作为重要突破口,既要考虑国防科技工作的特殊性要求,更要遵循科技创新的共性规律,破除民口科技力量充分参与国防建设的瓶颈和障碍,积极吸收民口科技的重大成果和优势资源,提升国防科技工业和武器装备领域的发展水平。

第四节　法律法规建设中存在的问题

尽管近年来党中央、国务院以及政府和军队各个部门出台了一系列法规文件促进国防科技工业经济建设和国防建设融合发展,并取得了诸多成就。但相较于经济建设和国防建设融合深度发展需要而言,现有法规体系建设还存在一些问题。

一、经济建设和国防建设融合领域政策文件多,法律法规支撑弱

一是经济建设和国防建设融合政策制度和法律法规整体立法层次较低,缺乏权威性。大多数法规都是政策性文件,而且多是各个部门出台的,政策的适用

范围和影响力明显不足。

二是政策规章政出多门，部门职能交叉重叠。缺少法律规范，军地双方主体行为没有充足的法律依据，彼此协调难度较大。在实际运行中，表现出来的例如装备采购和供应管理的国家大体制尚未真正理顺。

三是政策制度和法律法规制定权利和界限模糊，政策内容存在重叠区域。缺乏规范国防科技工业管理体制机制的法律，导致各方面政策制度和法律法规制定权利和界限模糊。

二、已有法律法规中存有空白地带

一是顶层设计不到位，缺少国家法律的牵引。现有部分法规在推动经济建设和国防建设融合方面的作用不明显，甚至还引起阻碍军民结合发展、限制民企参与武器装备科研生产的问题。目前从法律层面尚缺乏一部经济建设和国防建设融合的专门法律，以此为法源的相关法规体系尚不健全，存在法律上的空白。

二是已有法规不能适应新情况新问题，修订不及时。如我国目前尚缺乏一部规范整个国防科研生产领域的专门实体法或规范装备采购供应的实体法。

三是新政策供给不及时。例如，一些民企已实际承担一类核心装备研[illegible]产任务，但政策制度和法律法规却仍是禁止。

四是一些领域缺乏专项政策制度和法律法规引导和支持。

五是缺乏支持成果双向转移的激励政策。一方面军工科研院所先进技术产业应用的动力没有被真正激活，一些研究成果转化收益与研究单位和人员个人没有直接关系，再加之复杂的解密程序，自然就阻碍了可民用化的军用技术成果转化。另一方面，部分民口先进产品技术已经超过了我军装备水平，但还没有相应的补偿激励机制，吸引真正拥有高技术的民口企业“参军”，而那些民品市场销售不畅的企业反而迫切期望进入军品市场，这对整个国防科技工业的长期发展是不利的。

三、已有法律法规之间存在冲突现象

1988 年制定现在仍然生效的《中华人民共和国私营企业暂行条例》规定“私营企业不得从事军工、金融业的生产经营”，1999 年全国人大颁布的《中华人民共和国个人独资企业法》和 2006 年发布的《中华人民共和国合伙企业法》都对私营企业等参与武器装备科研生产任务构成了直接或间接的限制，与近年来国务院、工信部出台的一些政策制度和法律法规存有冲突。例如国防科工委 2007 年出台的《关于非公有制经济参与国防科技工业建设的指导意见》“允许非公有资本对军品科研生产项目和基础设施进行投资，具体投资领域及方式按国家有关

规定执行”与个人独资企业法中私人企业不得从事军品生产的规定存在冲突，也与2005年10月修订的《中华人民共和国公司法》有冲突之嫌。因此，从法律功能角度来看，有必要对经济建设和国防建设融合发展相关的法规法条予以认真审查、修订完善、消除冲突。否则，参与主体会觉得非常困惑。

同时，法律规章政出多门，部门职能交叉重叠现象较为严重。我国在立法上采取军地分离的立法模式，立法主体有300多个，部门之间缺乏协调配合，造成政策制度和法律法规相矛盾和政出多门立法打架现象。一是政策制度和法律法规制定主体不清，军地协调难度大。当前我国相关法规对国防科技领域经济建设和国防建设融合发展管理职责、权限、约定不明，分散在诸多不同的政府和军队总部多个部门，形成多元共同管理的基本架构，没有相对统筹经济建设和国防建设融合发展事务的独立权威的管理协调机构来协调和规范分散在各个部门的相关管理职责。二是地方政策制度和法律法规建设各自为战，区域现象严重。由于缺乏经济建设和国防建设融合发展的基本发源，各地方围绕当地需要产生的相关地方性政策制度和法律法规，与国家经济建设和国防建设融合产业发展和资源共享存在某种程度制约，同时阻碍了地方和民营企业参与军工行业，使军[illegible]地方企业的溢出效应非常有限，影响地方军工产业集群的发展。三是[illegible]策制度和法律法规种类众多，直接促进经济建设和国防建设融合发展的[illegible]策较少。目前推进经济建设和国防建设融合发展的大都是相关指示和规范性文件，法规层面的大都是国防科技领域的相关政策移植运用，存在概念与法规内容不符的问题。四是概念的界定阶段性强，政策制度和法律法规跟进难度大。由于经济建设和国防建设融合发展在不同的历史时期赋予了不同使命，相关法规的修改和制定难以跟进概念变化的速度。

四、已有政策制度和法律法规执行程序复杂

一是军工企业和“民参军”企业征税程序不对等，民企免税难。例如，现有增值税免税政策只针对军工企业，民企很难享受到增值税待遇及连带的土地等税费减免。同时，还存在低级别配套厂缴税、总装厂免税，以及与军工企业同时参与同类产品生产，民口企业交税后价格反而被压得更低的现象，破坏了公平竞争的市场环境。又如，民参军企业科研阶段不能办理免税。现有免税政策只针对装备生产阶段，装备科研阶段办理免税非常困难，因为现行免税政策需在国防科技工业主管部门进行鉴章，而科研阶段没有统一的制式合同，因而无法进行鉴章和办理免税，制定装备建设各阶段都适用的免税政策，将有利于调动民参军企业积极性。此外，免税环节程序复杂，执行起来难度较大。现行的国防科技产业税收政策通常是按企业“身份”来确定是否免税，这就使承担军品科研生产任务而

具有民营“身份”的企业不能享受应得的免税政策。尽管政策已出台民企承制单位享有军民免税政策，但行政审批环节较多，退税周期较长（免税申请一般2～3年），加大了企业资金压力。而且各地办理免税的程序存在较大差异，有的免税环节前后不一致，前期办理比较快，后期用时较长，军品减免政策执行成本过高。

二是民参军准入政策贯彻执行还存在问题，主要表现在进入门槛高、管理交叉，申请周期长，维护成本高等问题。例如，虽然政策已明确民企可以参与军品市场，但按现行体制，民企需“四证”，企业在申请过程中需要应对多个标准、多个部门、多次考验；且“四证”相互关联，尤其是总装更倾向于新时代认证结果，军用标准质量体系出现多家并存一家独大状态，造成了待审扎堆现象；而且，“四证”内容重复较多，经初步测算，除保密资格认证之外，其他三个认证约30%是重复的。另外，企业为了维护“四证”需投入较大的人力和物力。

三是保密法规执行程序有待进一步完善。保守秘密法和保密监督管理规定的出台，进一步明确了保密主体的职责和保密范围，强化了保密管理水平。保密管理程序过于复杂，导致国防科技工业体系存在一些定密过高，或到解密期仍保守秘密，或定密积极、解密懈怠轻视的问题，构成了对“军转民、民参军”机制运行的阻力。解密的风险性以及准入认证的复杂程序，既制约了军转民，也制约民参军，一定程度上造成了非传统军工企业不能或不愿迈入国防市场的壁垒问题；同时，也一定程度上影响了民企灵活开放的特性。

五、已有部分政策制度和法律法规本身可操作性不强

目前，一些经济建设和国防建设融合发展政策制度和法律法规还存在可操作性不强的问题，主要表现在要素规范不够、程序性细则缺乏，法条与客观实际相背离等方面。

一是在要素规范方面，有些经济建设和国防建设融合发展政策制度和法律法规对其权利义务形式的要素规范不够。有的政策制度和法律法规对国防需求申报、资源统筹、项目确定等经济建设和国防建设融合发展事项的规定，大部分仅规范了有什么权利义务，而对权利义务履行的步骤、方法等未做规范，操作执行起来难度很大。比如在国发〔2010〕37号文中“引导社会资源进入军品能力建设领域”和“解决企事业单位退出武器装备科研生产体系时的安全保密、能力保持、任务接转”等办法，并没有出台详细的操作步骤。例如有外资背景的企业资格认定问题如何解决，企业兼并重组过程中的“四证”是否有效等问题仍然是模糊不清，使得民参军企业仍然比较困惑。在法规程序性细则方面，存在原则性规定较多，程序性规定不够细化具体的现象。国发〔2010〕37号文出台多年，虽然对推进各地经济建设和国防建设融合发展式发展具有积极的促进作用，但由于

缺乏操作性的细则，一直未形成真正有效抓手。

二是在军工科研合同方面，存在法规与客观实际相背离问题。军队装备要服务于战斗能力这个核心目标，但合同法条款并没有体现这一要求。如《中华人民共和国合同法》规定，发生战争、自然灾害等不可抗力情况时，合同双方可以不履行合同义务，这与军队保障这一特殊的客观实际是不相符合的，无法满足在任何条件下都要具备战斗能力的要求。但目前也无专门的法律条款对其进行特殊的约束并给予相应经济补偿的规定，这在实践中也是无法遵守和执行的。

第五节　政策制度建设中存在的问题

经济建设和国防建设融合发展工作覆盖党、政、军、企等诸多主体，涉及层面也包括各级政府、军队和市场，是一项宏大的系统工程。随着经济建设和国防建设融合发展不断深入、范围不断拓展，政策制度上的矛盾和问题也日益凸显，主要表现在以下几方面。

一、统筹协调不够

在国家层面上，相关领域设有国务院中央军委专门委员会、国防动员委员会、军队保障社会化领导小组等联合议事协调机构，以及武器装备科研生产体系建设部际协调小组等跨部门协调机制，各自负责某一领域或行业经济建设和国防建设融合发展工作组织协调，但都不具备统筹经济建设和国防建设融合发展全局的能力，部门协调、多头管理、分散推进的现象和问题还不同程度存在。

二、政府和市场关系界定不清

我国在推进经济建设和国防建设融合发展过程中，政府与市场之间一直存在关系界定不清的问题，主要表现为政府的错位与市场作用的缺失。

政府错位首先表现在政府的越位。发挥政府的主导作用是过去几十年我国经济快速发展的一条基本经验。形成这条经验的重要原因在于，在政府主导各项工作的过程中所取得的成绩，往往构成本级政府的政绩，成为上级评价本级政府的依据，也成为本级政府主要成员获得升迁的重要指标。近年来，国内生产总值（GDP）导向的政绩观日益受到诟病，以 GDP 为主要指标的政绩评价体系逐步被扭转。中央高层大力推进经济建设和国防建设融合发展深度发展，则加大了地方政府部门将经济建设和国防建设融合发展作为新政绩增长点的可能性。不管条件是否具备都大力兴办高技术产业园区，甚至以经济建设和国防建设融合

发展的名义与企业联手圈地，正是某些地方政府越位的极端表现。

政府错位还表现在政府的缺位。从目前的情况看，一些政府部门没有在应当发挥作用的领域有更多的作为。一是政策不到位。虽然明确了经济建设和国防建设融合发展的大政方针，但可操作性的配套政策仍然不够健全，“民参军”等经济建设和国防建设融合发展举措的实施优势缺乏足够的政策支持。二是信息保障力度不够。企业还难以全面了解和掌握国防科技工业和武器装备科研生产相关的需求信息，直接影响和制约企业的运行效率。三是政府监管不到位。尤其是对于垄断等阻碍经济建设和国防建设融合发展深度发展的障碍，没有在“破障”上采取有力举措。

与此相对应，在经济建设和国防建设融合发展过程中，市场作用的发挥严重不足。国有军工企业改革不到位，自主经营、自负盈亏、自我约束、自我发展的市场功能仍不完备，离真正意义上的市场主体仍有差距。

三、军民管理“两张皮”

随着近年来军转民政策的实施，军工企业和民营企业之间已有了一定的交流和互通，但是它们之间仍旧有着明显的体制分离和独自的运行体系。军工企业和民营企业分别垄断着军品市场和民品市场，形成了相互分割、自成体系、自我封闭的管理体制，造成军用技术的研发很少考虑民用市场的前景以及利用民用技术的可能，民用技术的研发也很难与军事用途挂钩，研发生产资源通用、共用性差，没有形成军民之间技术层面和工业基础层面的融合。虽然多数军工企业已完成了公司化改制，但相当部分的军工企业没有开拓出有竞争优势的民品市场，仍靠国家投资的军品研发生产维持生存。此外，民营企业进军国防建设领域的政府壁垒虽已打破，但“民参军”的配套政策严重滞后，行业壁垒和技术壁垒依然存在。国防武器装备的研发、生产、配套仍然牢牢掌握在十大国防工业企业手中，民口配套率非常低。民营企业还无法享受到军工企业享有的各种经费支持、低利、免税和土地使用的优惠等政策。不公平的政策待遇挫伤了民营企业从事国防科研生产的积极性。另外，我国军用标准和民用标准是两套体系，相互排斥，成为阻碍民用技术进入国防领域的技术壁垒。

第四章 世界主要国家的典型做法与经验

西方国家为促进“军转民”“民参军”、军民资源共享，建立了完善的政策体系，为我国提供了借鉴经验。鉴于国防科技工业是经济建设和国防建设融合发展的主要领域，国外主要国家也是重点针对此领域出台政策，所以此部分从国防科技工业“军转民”“民参军”、军民资源共享出发介绍相关经验。

第一节　主要国家管理职能与手段

一、战略规划与政策

近年来，各国加强制定国家顶层战略，引导军民企业聚焦装备建设的战略重点。1994 年，美国国会根据国会技术评估局的长篇研究报告《军民一体化潜力评估》，第一次将军民一体化作为国家长远发展战略，在国家层次上做了战略总体设计与长远规划。美国定期发布《国家军事战略》《国防战略指南》和《四年一度防务评审》等顶层文件，明确装备建设和国家经济建设协调发展的总要求。法国通过国防部规划计划，如远景规划、长期规划、中期计划等间接指导国防工业发展。印度国防部通过发布装备技术规划的方式引导国防工业发展。在航天、核领域，各国政府均出台相关的法律、政策、战略规划，直接或间接引导相关工业的发展。

2013 年，欧洲委员会发布了“地平线 2020 规划”，提出要在信息与通信技术、纳米技术、先进材料、生物技术与产品、太空技术等领域实现欧洲军民一体化领导力。

西方国家还通过各类科学技术发展规划，引导军民参与国防科技研发，共同推进军民技术的创新发展。美国先后发布了《国家安全领域科学技术创新发展

战略》《维持美国全球领导者地位:21 世纪国防发展重点》等科技发展战略,以及《云计算战略》《大数据研究与发展战略》《国防部制造技术战略规划》《网络电磁空间发展战略》等重点领域发展战略规划,要求军民通力合作为装备建设和经济建设创造更快捷、更高效、更安全的科学技术。

二、科研管理

美英法印巴五国国防科研计划由国防部的文职管理部门主导和组织实施。各国政府均高度重视国防科研,并建立了一批国有科研机构,通过直接或委托的方式管理。美国拥有世界上最庞大的政府国防科研力量,包括国防部 67 个联邦实验室、国家航空航天局 10 大研究中心、能源部 21 家联邦实验室和研究中心,总计约 20 万人,国防部、航空航天局的科研机构政府直接管理,能源部科研机构委托大学和非营利机构管理,政府直接指导和控制。俄罗斯政府直接管理着近 40 家国防基础科研机构,并禁止核心机构私有化,法国、英国政府国防科研机构较少,由政府直接管理,其余科研机构已走向市场。印度政府直接管理着 52 家国防科研核心机构,国防部下属国防研发组织获得的研发经费占国防部研发总经费的 90%。各国政府都通过科技计划、科研任务对大学、企业等社会科研力量进行引导和调控。

三、企业管理

美国国防企业以私有企业为主,政府通过政策制度和法律法规、采办制度和采办项目等进行管理;对难以市场化生存的企业,如主要弹药企业、装备维修厂均为国有,由政府直接投资和管理;涉及国防业务的并购、剥离由国会审查批准,外国资本收购国防业务由商务部会同国防部审查。英国国防企业也以私有为主,但对关键国防企业采用"金股"方式进行控制,以确保对公司重大决策长期保留最终决定权。法国骨干国防企业,特别是总装集成的主承包商,政府控股或占有较大股份。俄罗斯和印度的国防企业以国有企业为主体,政府进行直接领导。

四、条件建设

美国国防相关的科研条件主要通过国防部、能源部以及航空航天局投入。目前,美国科研设施已比较完善和先进,针对固定资产的投资额在整个研发费用中的比例很小,如国防部的该比例不到 0.2%。对企业生产中的重大薄弱环节(如战略材料),通过"《国防生产法》第三章"预算直接投入。对于政府投资形成的国有资产,政府直接监管,依法禁止改变国有属性,重大国有资产产权变更和处置须经国会批准。俄罗斯和印度由政府对国有军工企业进行直接技术改造投

资。俄政府计划在2020年前为国防工业技术改造拨款约1 000亿美元。

五、国防工业评估

美国将国防工业评估作为管理国防工业的重要手段。国防部、能源部、航空航天局的评估主要包括三类：一是依据法律按年度评估，并向国会提交报告；二是进行横贯各军工行业或重大领域评估；三是针对专项计划、专门技术领域的评估。美国国会和商务部也针对重大问题和供应链开展评估。英国国防部也开始对工业能力进行系统评估，帮助确定本国必须保留的关键工业能力。

六、装备研制管理

美国国防部装备研制采购部门由文职官员领导；能源部负责核武器、核动力装备的研制管理；民用航天由航空航天局负责。俄罗斯除航天与导弹、核武器、核动力以外的装备研制采购由国防部负责，联邦政府设国防订货局进行监督；航天与导弹装备采办由航天局负责；核武器与核动力装备采购由原子能国家集团负责。其他国家均由政府负责装备研制采购。

七、军品采购

西方国家认为军事采购作为政府采购的重要组成部分，应当通过制定和完善军民统一遵循的军事采购法律法规来加强经济建设和国防建设融合发展建设。美国在实施军民一体化战略之前就制定了军民统一遵循的《武装部队采购法》，后该法主体部分被纳入《美国法典》第10篇的第137章《采购总则》。美国除了在法律层次上有专门针对军事采购的法律规定外，在法规层次上还制定有军事采购和政府采购合二为一的《联邦采办条例》，用以具体指导包括军事采购在内的所有采办行为，形成了统一的政府采购条例。

八、军品出口管制

美国军品出口管制采用清单制，国务院和商务部分别管理军品出口清单和军民两用品出口清单，与国防部、能源部、国家航空航天局以及情报部门协同，分别负责发放军品和两用品出口许可。俄罗斯军民出口依据由总统批准的“国家清单”和“设备清单”，实行许可制度。国防部负责军品出口管理，由行政性的俄罗斯技术国家集团实施军贸活动，其承担的军贸业务占全俄军贸业务总量的90%以上。英国由国防部负责武器装备对外出口管理和控制，商务/创新与技能部对航空航天和防务相关产品实行出口许可管理。法国由总统、总理、国防部部长、财政部部长等组成武器出口领导小组，国防部长领导部级军品出口委员会，

国防部武器装备总署负责促进武器出口,协调并支持装备领域的军售活动。

九、资质认证

美国国防部(政府序列)负责武器装备科研生产资格认证,对项目投标方的技术能力、财力、管理水平、资信度等进行审查。俄罗斯对军品市场准入实行许可管理,以国防部(军队序列)为主实施。英国国防部(政府序列)对于大型合同竞标者进行资格审查,包括其业绩、技术水平、财务等情况。法国由国防部(政府序列)武器装备总署负责资格审查,颁发研制生产许可证。

十、安全保密

美国国防部、能源部、航空航天局依法对自己的乙方实施保密和安全管理。俄罗斯工贸部、航天局、国家原子能集团、联邦国防订货局等部门均设置专门机构负责科研生产机构的安全生产和保密工作。印度电子与信息技术部与国防部共同管理国防工业的保密问题。

第二节　主要国家经济建设和国防建设融合政策制度与法律法规架构

在政策制度和法律法规方面,国外主要围绕消除经济建设和国防建设融合之间的障碍制定相关措施政策,主要有:准入管理、军民标准管理、技术投资、采办管理、中小企业发展等一系列政策制度和法律法规。

一、美国经济建设和国防建设融合政策制度和法律法规架构

在开展经济建设和国防建设融合工作中,美国政府认为“军民两用技术”是事关国家和军队的大事,涉及面广、程序复杂,必须有一整套法律法规作保障。立法明确要求每一个联邦政府机构都要有正式的技术转移方案。以 NASA 为例,立法(例如 1980 年的拜杜法案)既赋予了 NASA 转让技术的权利,也赋予其保护国家发明的权利。NASA 通过各种会议、贸易展览、牌照拍卖和印刷出版物等方式努力使公众意识到利用他们技术的机会。1992 年美国公布了《国防转轨、再投资和转移法》;1994 年的《联邦采办精简法案》提出了许多促进军民结合的条款;1995 年 9 月的《国家安全科学技术战略》强调美国应该逐渐构建,一个平时能生产军品和民品,战时能转产军品的军民结合的新工业基础,并提出了一些相应的政策;1995 年美国国防部发表了《两用技术——获取经济可承受的前沿技术

的国防战略》的报告，认为加强军民两用技术的研究和开发是建设经济可承受的国防科技工业的关键，广泛依靠商业界开发军民两用技术、工艺和产品，是美国国防科技发展战略的重点；1998 年美国国防部颁布了《国防授权法》，对两用技术的研发政策做了进一步细化。同时，对组织管理机构做了相应的调整与重组，将原国防部高级研究计划局改名为高级研究计划局（ARPA），主管军民两用技术的研究与开发，使其成为推动新的国防战略转化的首要执行机构，并成立国防技术转移委员会以及办公室、中心等机构，以此全面推进军民结合，促进国防高技术发展。

为构建保障经济建设和国防建设融合发展的政策制度和法律法规架构，美国通过军方、军工部门和军工企业的调整改革，以及军政部门间和企业间的合作，努力开启军民两用技术和资源双向转移之门，促进国防建设和经济建设的良性互动。美国经济建设和国防建设融合政策制度和法律法规架构如表 4－1 所示。

表 4－1　美国经济建设和国防建设融合政策制度和法律法规架构

类型	政策制度和法律法规名称	主要内容
准入采办管理	合同竞争法	推动军民兼容和国防采办改革
	国防授权法	提出了军民一体化的思想，指示国防部修改其采办政策，以鼓励国防和民用工业基础的一体化
	联邦采办精简法案	规定了许多促进军民一体化的条款
	联邦采办条例	对民用产品和技术的采购管理部门、采购计划制定程序和合同签订方法做了详细规定
	国防采办文件	优先采用民用产品、技术和劳务
	其他	废除专门的军用条例和标准； 允许部分中小型公司采用民用会计和审核办法
军民标准管理	标准化指导性意见	推动军标改革，从标准使用顺序上把采用非政府标准放在第一顺序，简化审核采用民用标准的程序，形成军民通用的技术标准
	单一过程协议	军民品质量体系和工艺流程单一标准规范、质量体系和会计制度
技术投资管理	国防工业技术转轨、再投资和过度法	推动军用技术转民用，并要求发展军民两用技术

表 4-1(续)

类型	政策制度和法律法规名称	主要内容
发展军民两用技术	技术再投资计划	鼓励军工企业研究使其军事技术用于民用部门的多种手段和措施,推动"军转民"
	利用民用技术节约作战与保障费用计划	探索采用民用商业产品或工艺技术,降低军事系统作战保障费用的途径
	两用科学技术计划	开发各军种精选的既有军事用途又可在商业领域应用的两用技术
	美国纳米技术计划	美国军民通用计划之一,保持美国经济上的领导地位,并保证国家安全
	美国国防部制造技术项目战略计划	美国军民通用计划之一,通过改进生产方式和装备,提升新的军用材料和专用装备批量生产能力
	美国航天计划	美国军民通用计划之一,分为军用计划和民用计划。军事航天计划由国防部制订,主要由空军负责实施;民用航天计划由 NASA 负责制订并实施
	国家安全科学技术战略	强调美国应该逐渐构建一个平时能生产军品和民品,战时能转产军品的军民结合的新工业基础
	两用技术——获取经济可承受的前沿技术的国防战略	加强军民两用技术的研究和开发是建设经济可承受的国防科技工业的关键,广泛依靠商业界开发军民两用技术、工艺和产品,是美国国防科技发展战略的重点

二、俄罗斯经济建设和国防建设融合政策制度和法律法规架构

俄罗斯成立后从苏联手中接管了一个规模庞大、门类齐全、结构完整、计划经济条件下的国有国防工业体系。这一国防工业体系虽然生产出了各种各样的高性能武器装备,但耗费大,效益差,不适于市场经济和发展信息化武器装备的需要。俄罗斯经济建设和国防建设融合发展政策制度和法律法规架构,如表 4-2 所示。

表 4－2　俄罗斯经济建设和国防建设融合政策制度和法律法规架构

类型	政策制度和法律法规名称	主要内容
准入采办管理	俄罗斯联邦武器法	规定生产、销售、采购、收集和展出武器必须申请许可证
	关于武器和军事装备生产许可证的规定	武器装备研制生产的准入管理政策
	个别种类活动许可证申请法	武器装备研制生产的准入管理政策补充
	武器法	武器装备科研生产许可管理
	保密法	国防工业保密规定
	俄罗斯国家军事订货法	国防采办法规
	俄罗斯国家所需商品与服务订货竞争法	国防采办法规
推动军转民政策	2002—2006 年国防工业改革和发展	推动军事工业联合体的大规模改革
	俄罗斯联邦国防工业军转民法	规定军转民原则、方向、重点和相关法规
	1991—1995 年国防工业转产纲要	在民航、动力、原子能等 8 个部门内增加民品的比重
	1995—1997 年俄罗斯联邦工业转产专项计划	继续推动航空、动力、能源等部门的技术转移工作
	俄罗斯国防工业军转民法	国防工业军转民工作以法律形式确定下来
发展军民两用技术	1998—2000 年国防工业军转民和改组专项规划	在航空航天、电子、通信设备等工业部门，要特别优先采用军民两用技术，并关注军民两用技术的开发与应用
	2002—2006 年国家技术基础	高新技术发展计划，加速推进“民技军用”战略奠定
	2002—2010 年电子俄罗斯	高新技术发展计划，加速推进“民技军用”战略奠定
	2002—2011 年全球导航系统	高新技术发展计划，加速推进“民技军用”战略奠定

为此，俄罗斯对其军工综合体进行了持续不断地调整改革，制定了各项促进国防科技工业发展的规划、政策和法规，大力推行经济建设和国防建设融合发展，以逐步建立市场经济条件下“军民结合”的国防工业体系。

三、日本经济建设和国防建设融合政策制度和法律法规架构

日本国防工业“寓军于民”的自主研发模式一度被誉为战后国防工业发展的楷模。战后的日本虽然承诺去军事化，从美国获得防务保护，但是其政策制定者一直强调国防自主防卫的重要性。在这个特殊的背景下，日本走出了一条独特的“寓军于民”国防科技发展道路。日本经济建设和国防建设融合政策制度和法律法规架构，如表 4－3 所示。

表 4－3　日本经济建设和国防建设融合政策制度和法律法规架构

类型	政策制度和法律法规名称	主要内容
准入采办管理	武器等制造法	明文规定武器装备研制、生产和经营实施许可证管理
	关于装备品等技术研发的训令	规定武器装备制造的政府许可问题
	关于装备品等及劳务采购实施的训令	规定武器装备制造的政府许可问题
	关于委托研究合同及试制合同专利权处理的训令	规定武器装备制造的政府许可问题
	军品采购恳谈会报告	确定军品采购基础，采取综合调整改革措施
税收优惠政策	促进基础技术开发税制	企业用于购置基础技术（包括尖端电子技术、生物技术、新材料技术、电信技术及空间开发技术）开发的资产免税 7%
	关于加强中小企业技术基础的税制	对中小企业研究开发和试验经费免税 6%
	倾斜减税政策	税额扣除、收入扣除、特别折旧、装备金和基金制度、压缩记账等

表 4-3(续)

类型	政策制度和法律法规名称	主要内容
财政补贴政策	造船工业开发基金、工矿业重要技术研发补助金、能源技术开发补助金、促进电子计算机技术开发补助金、民用运输机械开发补助金	对难以实现大规模生产的军品科研项目提供大量补贴。例如,计算机集成制造系统、造船机器人等高科技项目
	重点军工企业和主要军品生产线保护政策	军品产值占企业总产值 10% 以上的企业列为重点军工企业,在经费投入上实行政策倾斜
金融贷款优惠政策	倾斜金融	对军工企业实行倾斜,并采取各种优惠扶植措施
	军工政策性贷款	采用各种新技术制造出口船舶的厂商可向银行申请长期低息贷款
鼓励民参军政策	基于研究委托合同或试行合同所得专利管理办法	日本防卫局通过签订委托合同,所得技术成果的专利权归国家所有,政府出资支持的科研活动所得专利归民间企业所属
	产业活力再生特别法	政府委托的科研项目所得科研成果的专利权也可以归受委托方企业所属
发展军民两用技术	科学技术政策	大力开展核技术、宇宙技术、生物技术、材料等将来有可能转为军用的技术研发活动
	国家研究与发展计划	所涉及的主要技术领域大多直接或者间接与武器装备的研制相关
	未来工业基础技术研究与发展计划	支撑高技术武器装备发展的两用技术

四、欧洲经济建设和国防建设融合政策制度和法律法规架构

单一欧洲国家人才有限、资源有限、需求有限。也正是这种有限性,极大地推动了欧洲防务一体化进程。目前欧洲以英、法、德、意为主导,国防军工系统推动经济建设和国防建设融合发展过程中出现不同形式的跨国化,为共同研制复杂装备组成跨国集团公司,在更大层面上实现欧洲地区的经济建设和国防建设融合发展。80 年代中期发展欧洲高技术的尤里卡计划(EURECA),新世纪欧盟

启动的卫星导航定位伽利略计划(Galileo)等整合多国资源实现重大战略项目的开发,在整个欧洲甚至更大范围内实现资金、人才、资源、技术、设备的共享。通过一系列跨国联合和共同开发,一个军民一体、多国一体的军工生产网络,正在成为欧洲国防工业的现实。欧洲经济建设和国防建设融合发展政策制度和法律法规架构,如表 4 - 4 所示。

表 4 - 4　欧洲经济建设和国防建设融合政策制度和法律法规架构

类型	政策制度和法律法规名称	主要内容
准入采办管理	法国 95 - 589 法令	许可制度立法
	法国武器进口、制造,贸易及持有条例	针对不同类别的战争物资和相关物资,从研究、生产到最终转让的许可
	英国精明采办战略	调整武器装备采办体制
知识产权管理	法国创新与科研法	—
发展军民两用技术	英国科技与创新战略	重视利用民营科研机构的科研成果和飞速发展的军民两用技术,主要是武器装备信息化建设急需的信息技术
	英国国防工业政策	尽快建立军民结合的国防工业体系,加强军地合作,切实推进"民技军用",尽可能多地利用现成的民用高技术发展信息化武器装备
	英国国防技术战略	明确重点开发的指挥控制、通信、计算机、侦察监视、目标捕获、作战支援、火炸药、核生化、无人机等 11 大类技术
	法国国家大型技术计划	发展航天、航空、核能、电子、信息和通信等军民两用技术
	德国军民两用技术计划	使武器装备发展根植于国民经济和科研基础

第三节　主要国家政策法规对比分析

经济建设和国防建设融合发展涉及领域广,法律体系庞大,本书以国外涉军资产安全监管工作为例,对比分析各国在经济建设和国防建设融合发展过程中

对涉军资产监管工作的法律保障制度建设。法律手段是涉军资产监管手段中最为基础和核心的途径。美英法俄等国家纷纷通过法律的形式确立了涉军资产运营的范围和底线,为涉军资产的运营划定了红线。例如,从反垄断法案来看,完备的法律体系是确保美国资本主义自由竞争制度的基础,任何企业都不例外。自由竞争是资本主义制度的基础,反垄断博弈一直存在于欧美政府和大企业之间。反垄断审查是欧美企业发展中必须要面对的问题,企业发展大到一定程度要分拆,兼并重组首先要过这一关。从远到波音,近到与洛克希德·马丁、诺斯罗普·格鲁门等涉军巨头相关的并购案,都不例外。

一、涉军资产安全监管法律手段对比分析

美国国会于 1976 年通过了《国际投资调查法》(International Investment Survey Act),明确赋予总统享有采集和使用投资信息的权力,并可将该项权力授权给其政府部门。1988 年,为了应对外国企业主要是日本企业的大范围收购,美国国会通过了修正 1950 年国防产品法第 721 条的埃克森 - 佛罗里奥法案,该法成为美国规制外资并购、保护国家安全的基本法。埃克森 - 佛罗里奥法案规定,只要有足够的证据证明外国并购所获利益会危及美国国家安全,总统就有权力暂停或中止。同年,美国总统根据第 12661 号行政命令赋予 CFIUS 执行第 721 条款的责任。由此,CFIUS 已经成为审核外国公司并购美国企业安全审查的最重要关卡。CFIUS 主席由美国财政部长担任,秘书处设在财政部国际投资局,该局牵头负责委员会的日常事务工作。委员会最早成立时,成员只有 7 个部门的负责人,包括国务卿、国防部部长、商务部部长、司法部部长、行政管理和预算局局长、美国贸易代表和经济顾问委员会主席等。

英国对外国投资可能危害国家安全的交易,由公平贸易办公室和竞争委员会依据 2002 年 11 月颁布、从 2003 年开始实施的《企业法》对其进行安全审查。

法国没有统一的外资法,也没有专门的外资并购国家安全审查的立法,而是通过法国《货币与金融法典》L. 151 - 3 条的规定和第 2005 - 1739 条法令进行涉及国家安全的外资审查。根据法国《货币与金融法典》L. 151 - 3 条规定,“外国公司在法国的投资如果涉及公共权力的形式或者涉及如下领域,即使只是短期的投资也应获得法国财政部长的事先批准:可能会危害公共秩序,公共安全或国防利益的业务;研究,制造,营销武器,弹药或火药或爆炸物的业务。”遵循《货币与金融法典》L. 151 - 3 条的规定,在 1992 年至 1993 年,法国政府以维持公共秩序为由禁止 8 件并购交易,1994 年禁止 1 件并购交易。而在当时,因为绝大多数的法国涉军企业为国家所有,很少有机会被外国公司并购,所以以国家安全为由而被否决的外资并购在 1996 年之前没有。然而私有化后,部分法国涉军企业开

始非国有,由此导致了国防资产和技术的外流情况。之后,法国于2004年制定了其2004-1343号法律,改革了其外国投资审查程序。2005年颁布了第2005-1739号法令,这一法令补充了《法国货币与金融法典》中L. 151-3条的规定。该法令列举划分了11个明确的区域来规制有关保护法国公共秩序,公共安全,国防利益的外资投资,并对欧盟投资者和非欧盟投资者实行区别对待。

俄罗斯有独立的外国投资法律体系,对外国投资予以监管的历史可以追溯至苏联解体之初。俄罗斯于1991年颁布了《俄罗斯联邦外国投资法》,并于1997年修订了该法规,进一步明确了合资企业的法律地位及其相应的权利和义务。苏联解体之初,俄罗斯迫切需要引入外资,因此对外资企业实际上实行"超国民待遇",给予外资企业各种税收优惠。随着国家财力不断增强,外资超国民待遇局面开始改观。1999年7月9日,俄罗斯出台了新的外资法,即联邦法律第160-FZ号《俄罗斯联邦外商投资法》,在税收方面对外资企业实行与内资企业同等待遇的管理。除了外资法之外,外商在俄投资也适用于其他相关领域法律。联邦法律第209-FZ号法令《俄罗斯联邦中小企业法》,于2007年7月24日颁布,2008年1月1日生效。该法令限制了外资比例,外资份额在中小企业不得超过所在企业注册资本的25%。

二、对外资进入涉军领域监管的法律条文对比分析

1. 美国的情况

美国在外资管理的法律方面主要是《埃克森-弗罗里奥法令》。规范美国对涉及其国家安全的外国投资的审查程序、内容及法律后果等。该法令授予美国总统在美国其他法律不能提供适当保护的情况下,可以采取措施,中止或禁止那些可能威胁到美国国家安全的外国政府或企业对美国企业的获取、兼并或接管。而且美国总统所做的决定不受司法审议管辖;为了体现总统"最大活动余地"原则,美国没有任何一个法令对什么是"国家安全"做出一个明确的定义。只要该交易可能导致外国政府对美国目标的控制,美方就要启动一个为期45天的全面调查程序;只要涉及一个"外国购买方",并不一定是"外国政府"就要启动一个为期30天的初步审查,然后由美国外国投资管理委员会决定是否要启动一个为期45天的全面调查。

此外,20世纪70年代,由于中东地区阿拉伯国家对美直接投资的不断增长,美国国会开始担心从不断增长的石油价格中获利的石油出口国家组织成员会投资美国的战略性资产领域。并且,美国经济十年滞胀导致美元贬值,使得美国经济对以外币投资的投资者更有吸引力,国会已意识到上述压力,遂就有关外国投资问题进行了一系列的立法论证,结果表明,美国缺少一个解决急剧增长的外国

投资问题的统一机制。针对此种担忧，在国会的推动下，福特总统于 1975 年签署了第 11858 号行政命令，根据该命令成立了外国投资委员会，其职责是监督和评估外国投资对美国的影响。至于监督和评估的确切含义，却直到 20 世纪 80 年代底才逐渐清晰起来。该委员会虽然可以就外国投资事宜提出建议，但其建议不具有强制执行力，因此，委员会当时的职权非常有限。

同时，根据第 11858 号行政命令，在搜集、使用外国投资信息方面，美国商务部享有广泛的职权，并可要求其他相关的部门给予外国投资委员会或商务部必要的信息协助。而该规定也引发了一些争议，即行政命令是否有权要求其他部门采集各种信息。为了解决这一问题，美国国会于 1976 年通过了《国际投资调查法》(International Investment Survey Act)，明确赋予总统享有采集和使用投资信息的权力，并可将该项权力授权给其政府部门。

1988 年 12 月 27 日，里根总统签署了第 12661 号行政命令，授权外资委员会根据“埃克森—弗罗里奥”条款，对可能危害国家安全的并购交易进行审查的权力。通过吸收与国家安全息息相关的多个政府机构，从国防、军事、经济、贸易、科技等多种角度，对一项外资并购可能对国家安全造成的威胁进行综合评价与判断，以确保国家安全审查的专业性和正确性。

2. 英国的情况

根据《2002 年企业法》成立的监管跨国并购的政府职能部门，它有权批准跨国并购，或将其交给竞争委员会做进一步调查；竞争委员会(CC)接受 OFT 的指令，对跨国并购进行调查，并实施“竞争测试”，来决定并购案的成败，这个委员会是由各界专家组成的独立决策机构。

依据英国《1975 年工业法》规定，英国的重要制造业企业的控制权转让给非英国居民，从而与“英国的利益”相抵触时，英国政府有权禁止该转让。其中“英国的利益”是指“与公共政策、公共安全或者公共健康有关的利益”。

另外，英国《1973 年公平贸易法》规定，政府授权公平交易局总局长审查所有并购交易当事人提交的并购申请，初审过后，向负责贸易和工业的大臣提出处理意见，由国务大臣决定其合法性。如果被交易的企业的资金超过 1500 万英镑，或是被交易的股权达到该公司总股权的 25% 以上，还必须在进行交易之前向英国的垄断和合并委员会提交报告，该委员会对其是否违反公共利益进行审查，经营者集中“违反公共利益”时，不得实施。而判断是否“违反公共利益”的考虑因素包括：对英国市场竞争的影响、消费者权益、新产品研发、成本削减、对工业和就业的平衡配置的影响、对英国企业在海外的竞争行为的影响等，实际上已包含国家安全的内容。

3. 法国的情况

法国没有统一的外资法，也没有专门的外资并购国家安全审查的立法，而是通过法国《货币与金融法典》L. 151－3 条的规定和第 2005－1739 条法令进行涉及国家安全的外资审查。

根据法国《货币与金融法典》L. 151－3 条规定，“外国公司在法国的投资如果涉及公共权力的形式或者涉及如下领域，即使只是短期的投资也应获得法国财政部长的事先批准：可能会危害公共秩序，公共安全或国防利益的业务；研究，制造，营销武器，弹药或火药或爆炸物的业务。”

遵循《货币与金融法典》L. 151－3 条的规定，在 1992 年至 1993 年，法国政府以维持公共秩序为由禁止 8 件并购交易，1994 年禁止 1 件并购交易。而在当时，因为绝大多数的法国涉军企业为国家所有，很少有机会被外国公司并购，所以以国家安全为由而被否决的外资并购在 1996 年之前没有。然而私有化后，部分法国涉军企业开始非国有，由此导致了国防资产和技术的外流情况。

之后，法国于 2004 年制定了其 2004－1343 号法律，改革了其外国投资审查程序。2005 年颁布了第 2005－1739 号法令，这一法令补充了《法国货币与金融法典》中 L. 151－3 条的规定。该法令列举划分了 11 个明确的区域来规制有关保护法国公共秩序，公共安全，国防利益的外资投资，并对欧盟投资者和非欧盟投资者实行区别对待。

4. 俄罗斯的情况

俄罗斯关于外资并购的法律体系的主要特点是由多部法律组成，几个机构分工协作。其法律体系主要包括联邦反垄断法、俄罗斯联邦的其他相关法律和国际条约以及俄罗斯政府部门的相关规则。其中，联邦反垄断法是并购法律体系的基础。

俄罗斯第一部反垄断法是《商品市场竞争及限制垄断法》（简称《反垄断法》）。该法于 1990 年颁布，1991 年生效。该法第 5 章对企业合并的管理进行了明确规定。联盟、协会、商会和跨地区、跨部门联合体的设立、合并和接管，以及股份公司的设立、合并、接管和清算等行为，必须获得联邦反垄断主管机关的同意。此外，该法还规定了企业合并的条件以及合并企业的申报、主管机关的调查处理程序等。

十几年来，以《反垄断法》为基础和核心，俄罗斯出台了一系列配套法律法规。这些法律法规连同《反垄断法》一起，形成了俄罗斯外资并购的法律体系。2006 年 7 月 26 日，俄罗斯出台了联邦法律第 135－FZ 号法令《竞争保护法》（又称《竞争法》）。该法于 2006 年 10 月 26 日生效，成为目前俄罗斯联邦反垄断法规的根基。《竞争法》主要用于规范商品市场、金融服务市场领域的竞争。其主

要立法意图是反对垄断，预防、限制、排除垄断活动和不公平竞争，以维护俄罗斯市场的有效竞争局面，保护消费者利益。

第四节　典型做法对我国的借鉴和启示

在上述发达国家推行经济建设和国防建设融合政策所采取的模式中，一些先进的思想和举措对我国进一步完善经济建设和国防建设融合政策制度和法律法规架构有着很好的启示和借鉴作用。

一、从国家宏观上制定政策推进经济建设和国防建设融合的发展

从发达国家经济建设和国防建设融合发展的情况来看，完善的法律条款和政策措施，以及国家决策机构、各级政府、国防管理部门之间相应的组织管理、沟通协调、引导推动，在经济建设和国防建设融合发展过程中都起到了至关重要的作用。针对我国的具体国情，长期以来的体制约束既不利于军工企业市场地位的确立，也不利于军事工业封闭格局的打破。此时，就需要国家宏观层面制定多方位的法规政策来给予支持和推动。如在国防科技工业领域，完善准入许可、保密、投资、标准化、产品认证的法律制度，以及技术、产品、生产定型等的法律制度，尽快给予民间企业参与军品科研和生产的合法身份；制定两用项目经费预算、人才培养方案等，支持军事工业实现军事专用项目向军民两用项目的转变；颁布《国防采购法》《国防科研生产法》；制订“利用民用高技术提升国防科技工业基础能力”的相关法规；修改现有的军品知识产权保护法规，允许涉及军品的知识产权所有权和使用权适当分离等。这样，在制度创新、政策支持和相关机构的协同推动下，国家经济建设和国防建设融合工作才能向着预定目标实现良性循环的方向发展。

二、大力发展军民两用技术，加强军民企业间的互动合作

在有了国家法规政策的支持和合适产业技术领域的选择之后，国防军工机构和企业则需要加强与民间科研机构、企业等之间的互动合作，大力发展军民两用技术，推动经济建设和国防建设融合发展的实施。当前，很多高等院校、非营利科研机构、企业研发中心在自主创新能力上都有突出表现，但由于军民之间体制分离的壁垒，往往很难参与到军用产品或军民两用高技术项目的研发中去；即便参与到了，也呈现出与国防科研机构重复立项、重复投资的状况。因此，我们应该积极搭建军民科研机构、军民企业之间的沟通机制和交流平台，促进军工科

研院所与高校、企业的结合,重点开发附加值高、技术含量高、利润率高、市场潜力大的军民两用产品,进一步提升军民两用高新技术的创新。同时,还应重视军民两用高新技术成果的双向转移,扩大军民两用高新技术产业规模;从国防军工科研院所到民间企业,增强高新技术转移的意识和观念,努力形成有利于军民两用高技术转移的网络系统,利用两用技术的优势,真正做到将技术成果转化为生产力、用生产力制造出市场产品,走一条高新技术产业化的道路。

三、完善大型科学仪器与设备使用机制,促进军民科研基础设施共享

为促进科研基础设施共享、提高科技资源利用效率,世界主要国家都从自身国情和需求出发,对大型科学仪器与设备的使用机制进行了积极探索,主要有三方面的特点:

一是以政府投资为主。美国的科研仪器设施主要源于大量的政府投资,并通过立法保障政府对科研基础设施的投入。韩国政府主要靠国家拨款或通过国际开发银行、日本海外经济合作基金等国际机构的贷款来筹措资金,购置科研仪器设施。日本则主要通过国会特别拨款以及补助预算等方式对科研硬件进行投入。

二是所有权与使用权分离。科研仪器设备的使用权与所有权分离,可提高使用效率,其代表性国家是美国。美国联邦经费购置的仪器设备的产权归属主要分为3种情况:(1)联邦政府所有,使用方管理。(2)根据签订的研发合同确定归属权。(3)承担方所有,政府拥有最后处置权。

三是无偿使用和有偿使用界限明确。关于科研仪器设备共享,美、日等国都颁布了相关法律或条例,并明确无偿和有偿的界限。如美国明确规定,公益性用途不收费,运营成本由政府拨付;但对私营部门为获得专利而使用的仪器设备,则按照“全部成本回收”原则收费。日本亦制订了相应条例规定科研试验设备必须接受企业的试验委托,向社会开放。许多“科技工程中心”的科研仪器设备基本是免费向全社会开放。印度的“地区精密仪器中心”对外开展有偿服务,用户对象是工业企业、研究员和学生。企业可向中心捐赠精密仪器,开展合作研究,政府减免这些企业的税费,同时中心对这些企业提供优先使用权。

四、丰富融资渠道,促进国家科技工业基础的形成

发展军民两用技术产业化有着资金密集的性质,这就对长期依赖国防财政、投资补助和政策性贷款的国防工业提出了挑战。多元化筹资渠道的缺乏始终制约着军工产业的发展,政府的支持固然重要,而资金的大量投入还是需要军工企

业依靠自身和市场渠道来筹资解决。比如通过发行企业债券、进行股份制改革、上市等渠道进行资金筹集，进而发展经济建设和国防建设融合的相关产业。另一方面，积极调整产业结构，通过努力发展国际合作，扩大军民品出口，实现国防产业规模化、集中化、跨越式的发展，最终建立起寓军于民、军民工业基础相互统一融合的国家科技工业基础。

第五章 完善政策制度和法律法规体系的思路

第一节 政策制度体系完善目标

要瞄向政策覆盖全面、可操作性强、协同高效、实施效果可考核的目标，加快完善"军转民""民参军"、军民资源共享政策制度体系。

一、政策体系覆盖全面

根据"军转民""民参军"、军民资源共享实践工作进展，针对企事业单位、产业和园区发展的实际需求，研究出台新的政策措施，积极争取实施新的政策试点，扩大政策覆盖面和受益面，形成政策扶持合力。重点针对近年来经济建设和国防建设融合发展新兴领域产生的新问题、新情况，出台专门措施，规范各主体行为，弥补政策短板。

二、政策可操作性强

加强政策调查研究工作，结合实际情况出台鼓励性、引导性的政策措施，更加注重政策、措施、办法的可操作、可落地。推动在部分地区和部分领域开展政策的先行先试，探索政策实施经验，逐步向其他地区和领域推广。

三、政策体系协同高效

进一步加强各部门、各层面政策的统筹协调和各项规划计划的协调对接。加强产业、科技、财政、投资、税收、人才、金融、政府采购等与政策协同，为"军转民""民参军"、军民资源共享创造良好环境。加强宏观管理和统筹协调，加快构建跨部门、多领域、高层次的综合协调机制，重点解决军民两大系统间政策协同、部门协调的问题，避免政策出台重复交叉，促进各项工作高效开展。

四、政策实施效果可考核

贯彻落实中央强化对政策落实情况的督查考核的工作要求，加强政策实施效果的考核评估工作，切实推动政策执行到位。在各项政策出台后适时启动贯彻落实情况评估考核工作。通过科学归纳阶段性工作的成绩与经验、全面梳理存在的问题与障碍，以评估促发展，为制定后续政策措施提供依据。

第二节　总体工作要求

全面贯彻落实中央关于推动军民深度融合发展的基础领域资源共享体系、中国特色先进国防科技工业体系、军民科技协同创新体系建设的相关要求，坚持问题导向，针对“军转民”“民参军”、军民资源共享领域政策未全面覆盖、可操作性差、协同较弱等问题，全面梳理下一步亟待完善的各项政策点，按照以立促改、以立促废的基本思想，围绕“激发活力、降低门槛、优化环境和强化体制机制创新”的政策出发点，统筹出台系列经济建设和国防建设融合发展政策，建立健全“军转民”“民参军”、军民资源共享的政策制度和法律法规体系。

一、着力激发活力

消除国防科技工业科技成果转民用的体制机制障碍，激发军工单位推进“军转民”工作的内生动力。通过完善“军转民”的激励机制，进一步发挥军工单位核心技术优势，开发先进适用民用技术和产品，促进军工经济和区域经济融合发展。着力创新军民资源共享机制，重点激发设备设施拥有方的开放共享动力，在确保安全保密和军品任务完成的前提下，建立设备设施等资源信息共享、有偿使用、激励补偿等机制，有效提高军民设备设施等资源投资效能和使用效率。

二、着力降低门槛

发挥军民结合、寓军于民武器装备科研生产体系建设部际协调小组机制作用，完善相关政策措施，着力解决现行政策中“民参军”等方面程序复杂、准入门槛高、申请周期长、维护费用高等问题，改善在准入和监管制度设计上存在的不合理之处。通过设置合适的准入门槛，甄选优势民企参与武器装备科研生产，促进军队战斗力生成。

三、着力优化环境

大力营造公平竞争的政策环境，在放宽市场准入的同时，探索和丰富政府对涉军单位监管的手段和方法，打破行业壁垒，营造公平竞争环境，充分吸纳社会优势资源进入武器装备科研生产领域，促进军工开放式发展。同时，对在承担武器装备科研生产过程中，军队、政府、军工单位、民口单位等各主体的地位、作用以及责、权、利进行全方位的顶层设计，制定法规，依法实施。优化形成规范有序的市场环境，通过调控引导、运用财政税收等经济杠杆，理顺关系、健全机制、完善配套，为军品市场的供需双方提供健康良好、竞争有序、安全稳定的市场环境。

四、着力优化政府职能

加强体制机制创新改革，破除制约经济建设和国防建设融合发展深度发展的体制性障碍、结构性矛盾、政策性问题。加大有效政策制度供给，建立起适应新军事变革和经济发展新常态的政府管理体系。监管和服务并重，明确政府、军队和市场的合理边界，消除不作为和乱作为，按照精简、统一、高效和加强监督的要求，进一步调整职能，完善决策落实的组织、检查、监督等配套机制。

第三节　“军转民”政策完善思路

本书认为需要从以下几个方面入手，着力解决当前阻碍我国“军转民”进程的政策性问题。

一、完善军工单位考核体系

改革现行的绩效考核制度，把科技成果转化作为独立的考评要素，重点是弱化科研人员待遇与纵向经费的直接关系，淡化成果奖和论文的考核，注重考核成果的先进性、工程实用性、市场应用价值等综合效益，注重科研成果的转化或产业化成效，包括是否在细分市场领先、是否在行业具有话语权等。

二、完善国防知识产权管理制度

一是明确界定国防知识产权的权利归属。构建以“知识产权归承研承制单位所有”为基本原则的权利归属机制，其例外条款主要包括：涉及国家安全、重大国家和社会利益的国防知识产权归国家所有；国家因国防建设需要对国防知识产权进行实施、许可等行为，知识产权所有人在进行国防知识产权实施、许可、转

让等行为时，要有一定的限制条件。在具体事项上，可推动将《中华人民共和国国防法》第三十七条第二款“国防资产归国家所有”修改为“国防资产中涉及国家安全、国家利益和重大社会公共利益的归国家所有”，使之与《中华人民共和国专利法》等的规定相一致。

二是建立国防知识产权统计评估机制。建立国防知识产权的统计评估机制，摸清国防知识产权的底数，评估国防知识产权的内在价值和应用前景，按照分层分类的管理思想，充分识别出哪些国防知识产权不能转、哪些需要转，为国防知识产权转化奠定基础。

三是建立顺畅的科技成果转移机制。在明确权利归属的基础上，推动非涉密国防知识产权完全按照市场规则进行产权转移。具体内容主要包括明确转让条件、转让程序、补偿奖励、税收优惠条件等。对于涉密国防知识产权，应拓宽信息交流渠道，加快国防知识产权信息共享基础平台建设，完善加密解密程序，建立专门的国防知识产权转移管理机构和产权价值评估机构等。

四是制定合理的利益分配政策。知识产权授予完成单位的，国家为国防目的转由其他单位实施时，使用单位应当向完成单位支付一定的使用费，费用数额应由双方按平等自愿原则协商确定，不能协商确定的，由政府、军队有关部门裁定。国家投资的军工项目或国家科研计划项目研发成果的知识产权在国家需要强制推广使用时，使用该项知识产权的企业或其他组织，应将其实际所形成的利润不低于一定比例的部分，作为研发基金和奖励基金补偿给该项知识产权的权利人。其他情况的国防知识产权交易，应由技术使用方向技术研制方付费。发明单位或者发明人的收益及报酬可以从所付费用中解决，或者采取商业目的中的全部收益归发明单位或发明人的优惠政策，以补偿为国防目的免费使用所造成的损失。

三、健全国防科技成果定密解密制度

一是设立国防科技成果保密顾问委员会。国防知识产权机构的保密审查工作机制应根据新修订的保密法和保密法实施条例做出调整，可以在现行国防知识产权机构的职能基础上，改变保密审查机制，由审查制改为备案制，并成立国防科技成果保密顾问委员会。委员会的专家应从军委装备发展部、工信部、国防科工局、国家保密局、各军工集团、军队院校、相关行业协会和民口单位中遴选。

二是构建国防科技成果解密标准。由国防科技成果保密顾问委员会制定具体的解密标准，作为有解密权的机关、单位在工作中执行解密工作的依据。同时，建立专用保密渠道，统计国家秘密信息在各行业、各系统的分布情况及保密期的长短，加强对国家秘密信息的动态管理，督促各机关、单位和保密部门要及

时了解和掌握，并加以解密。

三是建立常态化解密制度。以《中华人民共和国国防专利条例》和《中华人民共和国保密法》为依据，拟制定出台《国防科技成果解密办法》以及具体实施的工作规程，明确各级管理部门的职责，规范工作程序，建立国防科技成果的常态化解密工作机制。具体要求是产生国家秘密信息的单位在申请确定密级的同时，应当根据实际情况规定保密期限和解密日期。探索强制性解密试点，规定科技成果在一定时间内进行解密，审查后认为不需要再保密的即予解密，对于长于一般保密期限的特殊保密成果，限定最高年限，届时解密。

四、加强对经济建设和国防建设融合产业的引导支持

在项目支持和资金安排上，对利用军工优势技术开展的军民两用项目和军转民项目给予政策倾斜，加大军民两用技术的支持力度；在投资、金融、税收方面支持军工集团大力发展高技术产业，鼓励军用技术转移到民用领域。根据《关于经济建设和国防建设融合发展的意见》中“军地联合组织实施一批具有战略性、基础性、公益性的重大工程，着力推出一批经济建设和国防建设融合重大项目和举措”的要求，应发挥国防科技工业特点和优势，启动论证实施若干个具有较大影响力的经济建设和国防建设融合重大工程和项目，引领国家科技进步、产业结构优化，带动国民经济发展。鼓励军工资源相对集中地区利用军工技术优势促进经济建设和国防建设融合产业集聚发展，促进区域经济协调发展。

第四节　“民参军”政策完善思路

着力解决当前阻碍我国“民参军”进程的政策性问题，需要从以下几个方面入手。

一、打破军工行业壁垒

建立系统集成商、专业承包商、市场供应商“三位一体”的军品科研生产能力体系，主要包括：一是打破现有军工集团按行业分割的格局，逐步扩大试点，促进按能力划分的专业化改革。推进总装能力跨行业重组，推动通用型技术与设备领域军工配套能力的专业化整合，化解军工行业不必要的壁垒，建立有利于优势民营企业进入的竞争型武器装备科研生产体系。二是面向国家大工业优势能力和资源，布局军工核心能力。打破军民体系的界限，将科研生产布局的范围拓展到全国的高等院校、民口单位、民营企业等；将国家大工业中的国防科研生产能

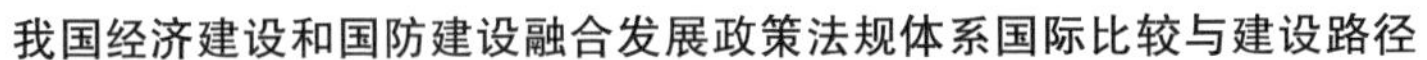

力纳入国防科技工业管理范围。三是在政策设计上，根据“小核心”和“大协作”的不同特点和运行规律，区别对待，实行不同的政策和管理。政府要加强对核心能力建设的规划引导、政策支持、动态监管，确保核心能力的先进稳固、安全可控。对于“大协作”，政策设计的重点是提高开放程度，营造公平的市场竞争环境。

二、完善军民信息共享机制

一是建立跨军地的经济建设和国防建设融合发展信息平台。由国家经济建设和国防建设融合发展顶层管理机构统筹，建立跨军地各部门的经济建设和国防建设融合发展平台，在符合保密等相关要求的前提下，打破按部门划分的信息孤岛，使政府、军队、国企、民企、科研院所等各相关单位的政策、资金、技术、产品等信息公开化、透明化，实现无障碍畅通。

二是建立民参军信息交流共享渠道。搭建民口企业参军交流平台，通过网络平台以及定期举办交流会、论坛、俱乐部等多种形式，促进军队装备部门、军工系统承包单位与民口企业进行交流合作，形成常态化军民互动交流机制，提高军民信息共享，增强军队装备部门、军工系统承包单位对民口企业的了解。

三是探索建立军事需求定向发布渠道。与军队装备部门沟通协调，结合武器装备竞争性采购制度改革进展情况，探索军事需求分类分级发布机制，如按军民通用装备采购信息和专用装备采购信息划分等；探索把军事需求发布到国防科技工业管理部门，并由其在可控范围内进行定向发布。

四是探索建立军工单位武器装备任务配套需求定向发布渠道。收集军工企事业单位武器装备科研生产项目进展情况，特别对武器装备配套相关的技术产品需求信息进行整理归类，探索把军工单位武器装备配套需求发布到地方国防科技工业管理部门，并由其在可控范围内进行定向发布。

三、加快简化军工“四证”审查制度

一是下放部分一类许可、一级保密的受理和审查权于地方相关部门，国家和军队层面根据国防科技工业基础控制各地区申请比例，掌握审批权。二是研究探索“四证”联审，确立牵头责任部门（建议国防科技工业部门牵头）。三是赋予部分有能力的中介组织承担审查认证职能，减少现有审查机构的工作量。四是选择重点省份或园区展开“四证”联审先行试点，积累经验，有序推广。

四、加快推进军品采购制度改革

一是推动装备部门增大与民口企业直签科研订购单项合同的比例。装备部

门应在总结国内外成功经验基础上，采取公平、公开、公正的竞争性采购方式，增加军队与取得资质的民口企业，尤其是与新兴领域的优势民口企业直签科研订购单项合同的比例，使参军的民口企业（包括民营企业）获得更多的军方直签单项合同。

二是扩大民口企业配套的比例。尽可能压缩军工内部配套份额，强制性要求和督促总（主）承包单位扩大民口企业配套比例，要求和督促总（主）承包单位充分利用民用科技工业的力量，在研制阶段严格审查总体单位的研制配套单位表，扩大民口企业（包括民营企业）配套比例，力争在近几年内使装备科研生产的民口企业配套率显著提高。

三是建立装备采购竞争失利补偿机制。采用经济补偿、项目补偿和分包补偿的方式对竞争失利的企业进行补偿，对完全垄断和完全竞争的装备一般不予补偿，对民营企业给予一定补偿。

五、建立军品分类定价机制

对于涉及国家安全的尖端武器装备，实行计划管理，由成本导向形成价格；对于有限竞争类装备，实行计划管理与市场调节相结合，由供需双方在竞争基础上协商定价，由需求导向形成价格；对于军民通用类装备，按照市场定价原则，由竞争形成价格。

六、研究制定“民参军”企业税收减免政策

尽管现有政策原则上规定军工单位和民口单位在税收优惠方面一视同仁，但是在实际操作过程中民口企业尤其是民营企业实行先征后返政策，造成了事实上的不平等。因此，需要研究出台专门的“民参军”企业优惠政策，明确规定优惠办法和程序，切实解决民企遇到的税收返还困难等实际问题，实现民营企业与军工单位待遇的公平对待，又能调动地方政府推动“民参军”工作的积极性。

七、推动形成军民标准统一协调机制

尽管现有政策鼓励使用先进的民用标准，但由于民用标准和军用标准分属不同的管理部门，而政策位阶过低，难以有效推动标准的统一化。因此，有必要以国家经济建设和国防建设融合发展顶层管理机构的成立为契机，推动建立更高层次的军民标准统一协调制度，形成军民用优势标准相互借鉴、相互补充的机制。

八、探索建立民企“参军”专项授信制度

在银行系统内，对“参军”的民营企业设置专项授信通道，适当放宽传统的授信条件，增加军品合同、“参军”经验等指标和权重。同时，加大对专项授信贷款用途的监管，“参军”专项授信贷款必须在国防科技工业管理部门的监管下，严格用于装备条件保障用途。

九、建立民企军品人才晋升通道

由国防科技工业管理部门会商人力资源与社会保障部门，共同探索建立社会涉密人员职称评审制度，使民营企业承担军品任务的高技术人才职称能够得到认可。

第五节　经济建设和国防建设资源共享政策完善思路

要推动武器装备科研生产体系不断完善，基本实现经济建设和国防建设资源开放共享的发展目标，建议主要从以下几方面着手。

一、加大协调力度

协调推进有关单位从源头做好统筹，探索建立国家级联合评议机制，有关单位对新购重大设备设施等重大资源的投入进行联合评议，审查向国家申请的投资项目和资源购置项目，避免重复建设。可考虑推动在落实国发〔2010〕37 号文件部际协调小组下设立“军民资源共享专业委员会”，加强各部门的沟通协调，对此项专题问题研究提出有关建议。

二、创新共享机制

国发〔2010〕37 号文件明确要求“着力健全有机协调、运转高效的管理机制”，凸显出机制在贯彻落实经济建设和国防建设融合发展方面的重要性。推进军民资源共享也必须要创新机制，引导有关单位的共享意愿，调动其积极性，产生持续驱动力。例如，推动试行资源共享激励机制，即对各单位所拥有的大型设备设施等重大资源，有对外提供服务的，按照服务的次数和质量给予适当的奖励。同时，对通过服务平台利用现有资源的单位，若因为紧急保军任务不能正常使用平台资源，平台给予其一定风险补偿。

三、完善法规政策

我国现行的许多法律法规和政策文件与经济建设和国防建设融合发展、资源共享的要求不相适应，需要及时清理修订完善。有关资源共享的配套实施办法也应抓紧制定，以适应军民深度融合发展的形势，满足军民资源开放共享的实际要求。建议制定促进军民资源共享的指导意见，如对国家财政拨款建设和购置的设备设施资源试行强制共享政策；同时，推动健全开放共享的安全保密规定，剥离出涉及保密、知识产权利益分配等有可能产生潜在国家安全威胁和利益纠纷的科技资源，推进不涉及此类潜在问题的资源实现充分共享。

四、加强平台建设

要解决经济建设和国防建设资源配置不合理、不协调，经济建设和国防建设资源共享程度低的问题，必须进一步加强和完善信息服务平台的建设。建议由国家顶层统筹机构推动军口和民口资源服务平台对接，以国家经济建设和国防建设融合公共服务平台为基础，建立功能完善的军民口资源共享服务平台，实现军民资源配置、管理、服务、监督、评价的全链条有机衔接。

五、梯次推进经济建设和国防建设资源共享工作

推进经济建设和国防建设资源共享应逐步深化，在条件较成熟的部分领域（如电子信息业和装备制造业）开展试点，摸清重大设备设施需求方和供给方，会同有关单位开展信息采集和数据梳理，着力推动实现共享，产生带动效应，不断扩大影响。提升对重大设备设施的查新能力和技术分析能力，取得经验后逐步实现军民重大设备设施更大范围和更广领域的信息采集和共享。

第六章
经济建设和国防建设融合政策制度和法律法规体系完善的具体措施

坚持立法先行，以法律形式对经济建设和国防建设深度融合发展的目标、任务、要求、权力、义务和责任等加以规范，有效发挥立法对经济建设和国防建设融合深度发展的引导、推动、规范和保障作用。在此基础上，完善"军转民""民参军"和军民资源共享政策体系，成熟一项出台一项。

第一节　法律法规完善方面的措施

我国的国防科技工业主管部门与军工集团构成的纵向国防科技工业体系，要推动经济建设和国防建设融合发展深度发展，必然是一个系统庞大的工程，事关国家经济发展方式和军队战斗力生成模式转变成败，涉及面广、程序复杂。法律法规是推动经济建设和国防建设融合发展向深度迈进的有力保障，对规范军地各主体的权利，明确责任范围，固化成功实践经验，引导探索新路子具有重要意义。因此，我国的经济建设和国防建设融合法律法规体系建设，一方面要确立经济建设和国防建设制度深度融合的理念，法规建设不能人为增加麻烦、制造分离，另一方面要坚定不移的发挥市场配置资源的决定性作用，通过市场引导高新技术的双向转移，制定与之适应的、成体系化的、完善配套的法律与政策制度体系。

第二节　重点政策建设方面的建议

一、完善法律法规体系

一是清理现行法律法规中与经济建设和国防建设融合政策相冲突的地方。

现行法律中有些对民用企业进入军品生产领域有许多限制性规定，已经不合时宜，对经济建设和国防建设融合构成了障碍，必须及时清理或做出明确的司法解释。要依据《中华人民共和国宪法》《中华人民共和国国防法》《中华人民共和国国防教育法》等，抓紧制定关于经济建设和国防建设融合的法律法规，对现有法律法规进行认真审查，所有不利于经济建设和国防建设融合式发展、军地一体化建设的，都要及时修订或废除，为经济建设和国防建设融合式发展扫清政策法规障碍。

二是适时推进经济建设和国防建设融合相关政策上升到法规规章层次，为国防科技工业经济建设和国防建设融合式发展提供强有力的制度保障。优化武器装备科研生产许可目录，动态调整武器装备科研生产许可目录，加快民口企业进入军品市场的步伐。

三是加强制度空白领域法规制度建设。应制订相关配套的具体标准、具体规范，如武器装备研制合同、生产合同、质量监督及管理程序。结合工作实践，建立和完善国防科技工业成果和技术实施转化等法规体系。如研究制定《国防科技工业成果与技术实施转化条例》以及“利用民用高技术提升国防科技工业基础能力”的相关法规，其主要内容包括国防科技工业成果与技术实施转化方式、权属及利益分享、保密及解密的法律责任，使国防科技工业成果与技术实施转化过程中各方关系的调整有法可依。

四是加快完善国防知识产权保护法规，明确国防科技工业成果与技术转化方式、权属及利益分享、保密及解密等方面的权利义务。有步骤地开放军品以及军品研制市场，完善计量标准化法律制度、产品认证法律制度、军代表验收法律制度。

五是进一步完善国防市场准入和退出制度，实行统一的军品研制招投标法规制度；完善国防科研生产投资法规制度，为军工企业实现投资主体多元化提供法律保障。例如调整完善军品税收政策，对承担武器装备科研生产、维修保障的各类军工企业和民口单位采用同样的增值税税收政策，对符合条件的军工高新技术企业实行与民口高新技术企业同等的企业所得税优惠政策。

六是组织相关领域和部门，有重点地对经济建设和国防建设融合发展立法的有关问题进行研究，从理论上进一步弄清有关领域经济建设和国防建设融合发展法律规范的现状，论证各领域还需要新制定哪些单项法律，明确每项法律规范的事项或内容，并确定制定的先后顺序。当前，可以参照我国已经公布的《就业促进法》《循环经济促进法》《中小企业促进法》《科学技术进步法》等法律的立法模式，对经济建设和国防建设融合发展领域的综合性立法进行调研，着重对立法的必要性、基本架构和内容、基本制度、重点章节的布局等方面进行专门研究，

积极推动相关立法工作。

二、培育公平有序的市场环境

政府作为军品市场的调控主体，职能是保证军品市场的有效运行，要减少对企业的经营决策行为进行直接干预，从以行政命令、计划指标为主的直接管理模式，转变为制定法律法规、运用经济杠杆等间接管理模式，避免过度竞争、过分垄断，为军品市场的供需双方提供健康良好、竞争有序、安全稳定的市场环境。

一是要按照精简、统一、高效和加强监督的要求，进一步调整职能、理顺关系、健全机构、完善配套，逐步建立健全武器装备采购制度。

二是统一管理装备市场的准入和认证。进一步完善装备承研承修单位资格审查制度。按照装备及分系统、配套产品类型和保密等级，科学确定承研承制承修资格审查内容和准入标准，加快开展包括民口企业在内的多种所有制企业的资格审查工作，不断充实合格竞争主体。建立完善装备采购信息发布制度。

三是完善统一经济建设和国防建设资源共享平台。对民口资源方面，将重大生产制造设备共享纳入已有平台之中；对军口资源方面，整合现有各相关平台资源，以国家军民结合公共服务平台为基础，完善军口资源共享服务平台；推动军口和民口资源服务平台对接，实现军民资源配置、管理、服务、监督、评价的全链条有机衔接，形成集“技术成果、资金、需求”三位一体的信息平台，实现信息资源共享，确保信息传输、处理稳定顺畅。

三、建立和完善经济建设和国防建设融合投融资体系

要完善投融资机制，规范利益关系，探索以政府财政资金为引导，政策性金融、商业性金融资金投入为主的方式，采取积极措施，使军队吸引和利用社会资源形成良性的利益驱动，为推进经济建设和国防建设融合深度发展提供足够有效的资金保障。

一是适当增加国家财政性投入。将经济建设和国防建设融合深度发展增加的建设费用直接纳入国防预算，由相关部门对经济建设和国防建设融合项目进行必要的投资或补贴，也可以考虑将因经济建设和国防建设融合要求而增加的建设费用直接列入国家投资主管部门的建设预算。

二是建立经济建设和国防建设融合深度发展的专项资金。在国家基础设施投资中统筹考虑保障经济建设和国防建设融合需求。这样既可以保持经济建设和国防建设融合过程中财政资金投入渠道的相对稳定性，又能确保资金投入随经济发展水平的提高而稳定增加，有效满足经济建设和国防建设融合深度发展中日益增长的投资需求。对于一些军用性质明显的基础设施项目，政府可先期

投入,以带动其他渠道的投资,满足经济建设和国防建设融合深度发展的资金需求。

三是对经济建设和国防建设融合项目制定相应的优惠政策。国家可以通过利益驱动的方式,使基础设施建设符合军事需求,同时保证参与基础设施建设的经济主体获得相应的经济利益。为此,需要制定转移支付、财政补贴、政府采购、贷款贴息和税收减免等优惠政策,减轻经济建设和国防建设融合的建设负担,确保承担经济建设和国防建设融合项目的经济主体的利益不受损失。对贯彻国防和军队建设要求的非营利性项目建设,按国家规定的中央和地方政府承担费用比例,支付中央财政应承担的资金,对经营性项目,采取经营期内的税收减免、提供低息或无息贷款、试验研究经费税额抵扣等优惠政策,确保经济主体在建设和经营中的利益不受损失。

四是发挥市场对经济建设和国防建设融合项目投资的引导作用。制定鼓励民营企业参与国防和军队建设的政策措施,可考虑将项目分解成若干彼此关联但不影响保密安全的小项目,再公开招标投标,通过竞争优中选优。建立一整套利益驱动机制,根据经济建设和国防建设融合发展项目的不同类别和不同情况,出台相应的补偿办法和标准,最大限度地调动各类行为主体参与经济建设和国防建设融合项目的积极性。对有优势的民营企业加大投资力度,尤其是科研、生产、质量可靠性等条件保障上的支持,尽快出台具体办法和实施细则,进一步强化优势民营企业的优势,拓展夯实国防科技工业的基础和能力。

五是通过资本市场依法向社会筹集所需资金。根据项目可市场化程度,有计划地实行投资主体多元化,为推进经济建设和国防建设融合深度发展提供可靠的资金来源。特别是对那些具有明显军民通用性的建设项目,考虑与地方政府联合筹措项目资金,并借助金融工具,加大通过社会筹措资金的力度。

六是建立和完善经济建设和国防建设一体化的风险投资体系。改变目前单一的中央财政直接投资方式,扩大国防科技工业投资领域,优化投资结构,由行政方式逐步向市场运行方式转变,引入高新技术与现代金融相结合的风险投资模式,由各种基金会、企业合资创建风险投资基金,吸收社会闲散资金。对于军民两用和具有潜在军事开发价值的工程建设项目,通过财政补助、税收优惠、政府担保、政府采购、贷款贴息等方式,引导和支持风险投资;培育多元化的风险投资主体,鼓励民营企业进入国防和军队建设领域;健全相关法律法规,明确风险投资的方式、出资额、股权转让等,促进风险投资运作的制度化和规范化。

四、推进经济建设和国防建设标准通用化

一是制定经济建设和国防建设融合深度发展标准化的总体规划。需要在研

究国内外发展经验的基础上，在军地双方高层设立经济建设和国防建设融合发展标准委员会，负责制定经济建设和国防建设融合发展深度发展标准化的总体规划和执行工作。

二是大力推进横向技术一体化。充分利用现有的军用技术和民用技术，采取通用软件、标准规程及一般通用技术，从横向上对军队信息系统所用的软件进行信息化改造和综合集成，使其与国家信息系统有共同的接口，具有通用性和兼容性。

三是加强标准体系信息化建设。为实现军地标准化交流的高效快捷，必须加强标准体系的信息化建设，建立全国性的经济建设和国防建设融合发展投资信息网络平台，使军地双方共享一套信息交换框架，军民两用技术的标准逐步统一。

四是完善标准形成机制，不断强化军用标准的资源调节作用，提升国防科技工业品的核心竞争力和技术水平。在经济建设和国防建设融合发展大环境下，原有标准的形成机制和修订周期既不能由某一家国防科技工业企业发起、承担或决定，也不能受确定的时间间隔限制，同时军方对标准的干预能力也逐渐被削弱甚至替代。因此，应积极跟踪国家标准和民口行业标准的发展动态，对民用标准的适应性进行全面系统的分析评估，凡是能够满足军事需求的都要积极采用，将“采用民用标准”转变为“采用开放标准”，将“逐步统一军民用技术标准”转变为“建立军民共同参与、相互制约的标准联盟”，将军用标准体系建成一个开放的体系。

参考文献

[1] 杜佳,马费成. 中、美及欧盟信息政策法规建设比较研究[J]. 中国图书馆学报,2006(1):34－38.

[2] 李海. 发挥政策法规作用 促进转制科研院所发展[J]. 经济与社会发展,2009,7(6):47－49.

[3] 舒正平,姚战军,郭盟. 我军装备维修保障管理法规体系建设研究[J]. 装备学院学报,2012,23(3):22－25.

[4] 中国国际工程咨询公司. 建立寓军于民新体制政策制度和法律法规问题研究[R]. [出版者不详],2004.

[5] 中国船舶重工集团公司. 固定资产投资相关法规和管理文件选编[R]. [出版者不详],2004.

附录A

世界主要国家民企高新技术知识产权转军用研究

民营企业是武器装备建设发展的重要力量之一。在美、英等成熟市场经济国家,绝大多数军工企业均为民营企业。在民营企业参与武器装备研制过程中,涉及政策公平、准入门槛、技术二次开发、知识产权归属、利益补偿、安全保密等诸多问题,美、英等国家推动民企高技术知识产权转军用的相关做法和经验教训,为我国民企高新技术知识产权转军用提供借鉴和参考。

一、美国民企高新技术知识产权转军用基本情况

(一)发展历程

第二次世界大战以前,资本主义的自由竞争原则决定了美国政府不可能深度介入国家科学技术的发展,政府只是在农业技术发展以及立法保护发明专利等方面发挥有限作用。第二次世界大战开始后,美国国防科技投资发展走向了体制化道路,政府开始主导国家科技尤其是国防科技的发展。根据国防科技投资政策的重大转折点,将美国的国防科技投资政策分为如下三个主要时期:第二次世界大战和冷战时期(1940—1989 年)、冷战后到"9·11"事件前(1990—2001年)、"9·11"事件后(2002 年至今)。

1. 第二次世界大战到冷战时期(1940—1989)

第二次世界大战期间,美国在战场上的优势很大程度上是依赖科技优势取得的原子能、无线电引爆、雷达、尼龙、计算机等技术。战争期间,整个美国进入战时状态,国家科技投资亦以军事为目的,并逐渐形成了以政府和民间企业密切合作的科研投资体制,也确立了政府投资支持基础研究的制度。其中,曼哈顿计划的成功,显示了该体制的巨大威力和研究效率,并导致了新墨西哥州的洛斯阿拉莫斯国家实验室和田纳西州的橡树岭国家实验室的建立。

第二次世界大战结束后,随之而来的冷战使美国的国防科技投资在正常状

态（相对于第二次世界大战）下进入一个空前膨胀的时代。1957 年苏联成功地发射了第一颗卫星和第一颗洲际导弹，给整个美国带来了极大的震动，举国上下形成了扩大国防科研开支的共识。为了与苏联争夺世界霸权，摆脱科技上的落后状态，美国采取了一系列措施。1958 年 9 月，美国通过了《国防教育法》，扩大了对中小学教育等的资助以及改进科学与数学教育，以提高未来国防科学研究的人才基础。同时调整科研及管理机构，重新制定科技政策，明确重点，大规模增加国防科研经费。1947 年，"联邦政府只提供 5 亿美元经费，占全国研究经费的 24%，1954 年，则提供了 17 亿美元，占全国研究经费的 53%，到了 1961 年则提供了 99 亿美元，占全国研究经费的 66%"，其中联邦政府的科技经费也由农业占 1/3 转变为国防科研占 5/6。

几十年来，美国始终保持了巨额的国防科研经费投入，20 世纪 80 年代，美国投入的科研经费大致等同于西方另外 9 个国家（日本、德国、法国、英国、意大利、加拿大、荷兰、瑞典和瑞士）相应的科研经费总额，其中国防科研经费占绝大多数。过度的国防科技投入，使美国在与苏联的长期竞争中苦不堪言。到了 20 世纪七八十年代，随着日本、西欧经济的崛起，美国经济受到了巨大挑战。1979 年 12 月，美国科学院向国会提交的一份报告说："美国科学的状况虽说是出色的，但是在世界上已不再有鹤立鸡群的形象了。"

从 20 世纪 80 年代开始，美国政府开始调整国家国防科技政策，引导、鼓励私人部门积极参与国防研究开发活动，通过税收优惠政策、放宽反托拉斯法的规定以及加强知识产权保护等措施刺激私人部门投资国防科技。同时，加快军用技术向民用部门的转移，使其产生巨大经济效益。1980 年通过了《大学和小企业专利程序法》，允许多数联邦实验室将军用专利技术以排他性方式授予企业和大学，以鼓励私营企业进一步投入资源，实现联邦科技成果的商业化，促进产业科技创新，随后又通过了《技术创新法》与《联邦技术转移法》。这些立法，一方面促进了联邦技术向民间的转移，有利于吸收民间资源，实现这些技术的商业化和民用化；另一方面也促进了大学、企业和联邦实验室的相互合作，有利于发挥利用政府资源推动民间资本的杠杆作用。除此之外，政府还加强了对私人部门国防 R&D 活动的资金支持，为私人部门提供良好的投资环境；继续增加联邦对基础研究的国防科技投资，同私人部门一起参与竞争前的一般性研究，鼓励国防科技方面的国际合作；充分发挥资金的杠杆作用，加强立法工作。为了使创新过程一体化，政府采取了一系列重大立法举措，例如，1980 年制定了《史蒂文森－威德勒技术创新法》，1984 年发布了《商品澄清法》，1986 年发布了《联邦技术转让法》，1988 年通过了《综合贸易和竞争法案》等。通过一系列对国防科技投资政策的调整，美国最终扭转了经济疲软的局面，取得了优良的效果。

2. 冷战后到“9·11”事件前(1990—2001年)

冷战结束后,美国军费缩减,而民间科技迅猛发展,政府不失时机地提出了科技“军民两用”。美国国会于1992年通过了再投资法,启动了技术再投资计划,其主要目的是促进军民两用技术的开发,鼓励军事与民间技术的相互转化,从而使双方彼此受益。1993年,美国开始调整国防科技发展战略。他们放弃了“星球大战”计划,停建超导超级对撞机,压缩空间站规模,削减原子能研究预算,并计划把国防科研费用占总科研经费的比例由60%削减到50%,投资17亿美元帮助军事工业转向为民用服务,大力发展“信息高速公路”。1994年,克林顿政府发布了《科学与国家利益》,这是冷战结束后美国政府发布的第一份对国家科学政策的评论,也是1979年以来美国第一份有关科技政策的正式总统报告。报告明确指出,“科学既是无尽的前沿,又是无尽的资源”,强调要增大联邦科技投资和加强政府与产业界的合作科研伙伴关系,这种合作关系不仅鼓励产业界对科研进行投资,而且将会提高企业的知识基础和核心竞争力,从而为产业界创造新的商机。1995年8月,美国政府在一份科技政策的文件中表示,要将民用科技研究的总开支增加到占国内生产总值的3%,政府还将压缩基础设施研究经费,增加技术研究经费,将经费投入的重点转移到民用高技术开发上来。克林顿政府的技术再投资计划要求“每年从国防研究开发预算中拨出10%用于民用研究,逐步把军事研究和民用研究经费比例调整到1∶1。政府责令国家实验室从预算中拿出10%~20%的经费与企业搞合作研究”。1997年,美国国防部启动了两用科学和技术计划,规定该计划中的项目必须要开发两用技术,非联邦政府部门至少承担50%的成本,其中必须为私营公司,必须在竞争的基础上授予合同等。该计划加强了国防科研机构同工业界的联系,促进了政府与产业界、大学间的合作关系。

总的来说,美国政府在冷战后国防科技投资政策除了继续加强基础研究投入外,已经开始在以下几个方面有所转变:

(1)加强政府在科研上对民用工业的直接支持,不再把民用科技当作国防科研的“副产品”;

(2)加速军用技术向民用的转移并为此大力投资,鼓励大学、研究机构与产业界进行合作,建构产业界和学术界的新型合作伙伴关系;

(3)在“民转军”时代到来时,国防科研的实施尽量采用民用标准,有助于国防科研经费使用得更有效率,同时帮助民用科研水平进一步提升。

3. “9·11”事件后(2002年至今)

“9·11”事件发生后,美国对其国防科技投资政策进行了相应调整,政府主导的科技研发活动开始向军事高科技急速倾斜。根据有关资料显示,2002财政年

度国防研究投入从 462. 02 亿美元增加到 534. 78 亿美元，而非国防研究开发投入仅从 453. 32 亿美元增加到 496. 72 亿美元，到了 2003 财年，国防研发投入和非国防研发投入分别为 629. 86 亿美元和 543. 11 亿美元，各占联邦政府研发总投入的 53. 7% 和 46. 3%。与 2002 财年的实际投入相比，国防研发投入和非国防研发投入分别增加了 92. 54 亿美元和 49. 43 亿美元，增幅各为 17. 2% 和 10. 0%，国防研究开发支出的增长速度远远快于非国防研究开发支出的增长速度。在研发总投入中，研究投入为 529. 26 亿美元，占 45. 1%，比 2002 财年实际研究投入额增加 46. 7 亿美元，增幅为 9. 7%，开发经费仍占大头。

由此可见，美国政府的研究开发支出政策目标已经有所调整，即从克林顿政府时期促进和加强美国经济繁荣的科学技术基础转向强化美国安全的科学技术基础，安全和国防重新成为美国联邦政府研究开发支出的重点。国防科技研发投资经费逐年增长，从 2004 年到 2006 年，美国国防科研投入分别为 643 亿美元、689 亿美元和 747 亿美元，较往年比分别增长 2. 09%，7. 15% 和 8. 42%；据报道，2006 年 9 月，美国国会两院通过了《2007 财政年度国防开支拨款法案》，拨款总额为 4 480 亿美元，其中国防研发开支为 760 亿美元，比上一年增长 1. 71%。特别值得指出的是，受“9·11”事件影响，美国政府用于反恐方面的研发经费急剧上升，包括美国国会额外批准的 15 亿美元专门用于打击恐怖主义生化武器袭击及本土防卫的预算，其中，国防部（最高限额 3. 53 亿美元）、能源部（最高限额 1. 96 亿美元）和卫生服务部（最高限额 4. 51 亿美元）三个部门得到的资助最多。

最值得世界关注的国防科研投资方面的政策变化是，2003 年美国已重新启动其核武器研发项目。2003 年 5 月美国国会参院同意废除已经实行了 10 年的低当量核武器研发禁令，从而为美国研发小型核武器打开了方便之门。布什总统又于 2003 年 12 月 1 日正式签署《2004 年能源与水开发拨款法案》，为核武器研发解决了经费问题。该法案批准拨款 600 万美元，用于研发低当量核武器，即小于 5 000 吨当量的小型核武器，相当于美国投放在广岛的原子弹爆炸当量的 1/30。据称，这种小型核武器有助于摧毁敌方的生化武器和进行高精准度的攻击；批准 750 万美元用于研发“地堡克星”核武器，以提高美国对敌方地下指挥控制中心和秘密军火库的摧毁能力。

总的来说，美国政府在“9·11”事件后，迅速调整国防科技投资政策，大规模的逐年增加研发投入经费，国防研发费用与非国防研发费用的比例开始拉大，尤其是大力加强了反恐技术研究方面的投资，重新启动其核武器研发项目。

综上所述，自从第二次世界大战后美国政府开始主导国防科技发展以来，美国政府在国防科技投资政策上有如下特点：

（1）从投入规模来说，美国经历了冷战时期的逐年增加国防科技投资经费，

在里根总统时期,美国国防科技投入达到历史的顶峰,美国国防科研投入与非国防科研投入的比例达到惊人的7:1。其中,这一时期标志性的国防科技投资计划为“星球大战”计划。此后,随着冷战后苏联的解体,美国在世界霸权的确立,加上德国、日本等国家对美国经济发起的强有力挑战,美国不得不开始注重国防科技投资的经济性考虑。为此美国开始大规模消减国防科技投入,并出台一系列政策,大力降低国防科研成本,提高国防科研经费的使用效率。而“9·11”事件的发生,大大打击了美国人心中一直引以为豪的国土安全自信心,为此美国又开始大幅度增加国防科技投入,并且重点加强反恐技术研究和国家导弹防御系统的研究。

(2)从投资结构来说,美国一直重视国防基础研究,在历年的国防科技投入中,基础研究投入保持了一个相对稳定的份额,这是由于美国一直把加强基础研究视为抢占世界军事高科技制高点的有力措施。

(3)在冷战时期,美国一直重视对战略和战术核武器以及配套的投送技术的研究进行开发投资。冷战结束后,美国用于核武器的投资主要为保养、维护及销毁核武器。但是近年来,美国加强了对小当量战术核武器的投资研发,值得世界各国重视。

(二)政策制度

作为当今世界的经济、科技和军事大国,美国政府认为民企高新技术转军用是事关国家和军队的大事,涉及面广、程序复杂,必须有一整套法律法规做保障。当前,美国已建立了较为完整的民企高新技术转军用的政策支撑体系,从技术计划、知识产权政策及进入门槛等方面进行改革,促进国防和民口科技资源和科技能力的相互流动、相互渗透,实现了资源的优化配置,取得了较好的效果。

美国在国家决策和宏观调控层推行经济建设和国防建设融合发展的机构主要有国会、总统国家科学技术委员会和总统科技政策局等机构。这一层次的机构主要是通过颁布法律和制定相应发展战略来推动“民技军用”,例如,1992 年美国公布了《国防转轨、再投资和转移法》;1993 年《国防授权法》中明确提出了军民一体化的思想,指示国防部修改其采办政策,以鼓励国防和民用工业基础的一体化;1994 年美国出台了《联邦采办精简法案》,规定了许多促进军民一体化的条款;还有国会每年通过的《国防授权法》和《国防拨款法》。另外,美联邦勤务部、国防部和国家航空航天局共同制定了《联邦采办条例》,对民用产品和技术的采购管理部门、采购计划制定程序和合同签订方法做了详细规定。同时,在美国最新颁布的国防采办文件中强调“优先采用民用产品、技术和劳务”,规定“在任何可行的情况下,可修改任务要求,以促成民用产品、技术和劳务”的采购。另

外,为更充分地利用最佳的民用工业的经验,国防部做了大量的工作,例如废除专门的军用条例和标准,允许部分中小型公司采用民用会计和审核办法。这些法律法规和政策,有效促进了“民技军用”和军民两用技术开发。

(三)管理机构

在管理机构方面,美国在1991年组建了技术转移办公室。它是美国国防部军民两用技术的综合管理机构,负责拟订技术转移和两用技术政策,监督国防部和各军种的科研工作,确定有商业化的技术项目,向国会汇报国防部与工业界共同进行的两用项目的进展,同时作为中介机构,协调或创造条件促进军用技术转为民用。同时,与能源部和商务部就技术转移工作进行协商合作,帮助私营企业解决技术转移中的保密、知识产权和其他法律问题。1995年底成立了联合两用技术办公室,负责两用科学与技术计划的日常管理,主要研究为国防服务的新方法和途径。能源部和国防部之间设立协调机构核武器委员会,负责协调核武器的采办。美国宇航局设有航空航天技术委员会,负责国防部和宇航局的协调和合作。

当军民两用技术产品被当作军需品,则由美国国务院国防贸易控制局(Directorate of Defense Trade Controls)实施监控;当被当作纯粹的民用技术产品,则由美国商务部工业与安全局(Bureau of Industry and Security)实施监控。这两个机构不同之处是国防贸易控制局的作用是保证美国敏感技术不在全球扩散,工业与安全局的作用则是促进美国实现海外的商业利益。如附表A-1所示。

附表A-1　美国促进民企高新技术知识产权转军用机构及相关职能

机构名称	相关职能
国防转型委员会	资助并促进新技术转化为武器系统
国防高级研究计划局	专门负责发展军民两用技术研发
国防部技术转移办公室	监督和管理国防部军民两用技术的开发、应用和转移,促进军民两用技术产业化
国防采购局	把知识产权作为一种战略资产,大力开发知识产权
国防实验室技术转移办公室	发挥技术转移的桥梁纽带作用
国防贸易控制局	抑制军民两用技术在全球扩散
工业与安全局	促进军民两用技术在全球扩散以实现美国商业利益

(四)主要措施

1. 围绕武器系统采购生命周期制订相应支持计划

为满足对武器装备研制生产各个阶段的不同需求,美国国防部设立了各种转移计划。

按照武器系统采购生命周期划分。武器系统采购生命周期分为四个阶段:①概念和技术开发;②系统开发和验证;③生产和配备;④支持(维护和运行)。两用科学技术计划和独立研究开发计划针对前两个阶段,国防采购挑战计划针对第二和第三阶段,制造技术计划覆盖第二到第四阶段,如附图 A-1 所示。

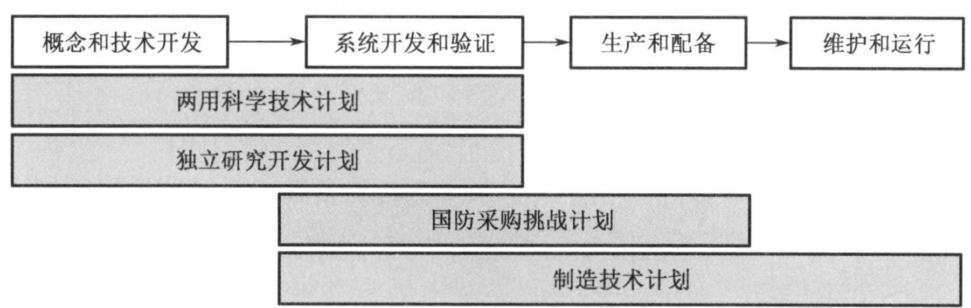

附图 A-1　武器系统采购生命周期四个阶段与相应支持计划

按照技术转移环节划分。这些计划分为两大类:

(1)支持立项和研发活动的计划。一种是针对所有企业的独立研究开发计划和两用科学计划。对由企业自行计划、执行和资助的独立研究开发活动,国防部门从研发的开始阶段就与企业交流信息。如果企业提出的项目符合国防部“潜在利益要求”标准,则该研发支出最高可获得 100% 的补偿。

两用科学计划的目的是通过采用民用技术、产品和工艺,降低军事系统的作战和保障费用。重点支持:传感器技术、先进的推进燃料效率技术、材料和制造技术、信息和通信技术等 8 个领域。

另一种是针对小企业研发活动的计划。有小企业技术转移计划、小企业创新研究计划和指导计划。小企业技术转移计划和小企业创新研究计划都是联邦统一的计划。小企业技术转移计划鼓励小企业与非营利组织、大学、研究机构或联邦资助研究中心进行合作研究,促进实验室成果的商业应用。小企业创新研究计划面向小企业的研究开发活动,不资助进入成果转化阶段的项目。指导计划鼓励主承包商给作为分包商的企业提供无偿技术援助,建立与主承包商的长期业务联系,增加分包机会。指导计划允许主承包商将技术援助的支出计入国防项目的间接成本,如附表 A-2 所示。

附表 A－2　美国国防部主要的技术转移计划

计划名称	支持阶段	目的或特点
小企业技术转移计划	可行性研究和研发阶段	鼓励小企业与非营利组织、大学、研究机构或研究中心合作，促进成果的商业应用
两用科学技术计划	研究开发阶段	与产业界联合资助两用技术开发
独立研究开发计划	产业界计划、执行和资助的研发活动	确认产业部门提出的研发计划是否符合国防部门的需要，最高可获得全额补偿
小企业创新研究计划	可行性研究和研发阶段	针对小企业
商业运作和支持节约动议计划	开发和测试	降低武器系统的运行和保障成本
商业技术嵌入计划	工程化和质量测试	企业分担成本
技术成果转化倡议	示范和生产环节之间的成果	资助符合标准的国防部科学技术计划成果
制造技术计划	验证阶段	技术、工艺和制造能力的国防应用验证
指导计划	研发和生产过程	激励主承包商给予小的劣势企业无偿技术援助
国防采购挑战计划	采购环节	主要为中小企业增加采购机会

(2)支持成果转化的计划。成果转化是“民参军”的关键环节，但往往遇到技术标准、适用性、资金等问题，因此支持计划较多。支持成果转化的计划有以下几种类型：一是解决计划间衔接问题的技术成果转化倡议；二是解决实验验证问题的制造技术计划；三是解决工程化和质量测试问题的商业技术嵌入计划、商业运作及支持节约动议计划；四是增加中小企业采购机会的国防采购挑战计划等。

解决计划间衔接问题的技术成果转化倡议。国防部科学技术计划的成果一般需要两到三年才能获得国防采购资金的支持，很多项目因此过时或被取消。为此，美国国会于 2002 年批准设立了技术成果转化倡议，以填补科技计划的成果在示范和生产环节间的缺口。资助标准是：①由科学技术计划资助开发的技

术;②产品在未来几年有买主;③最好由两个以上的部门联合支持;④本计划和技术采购部门分担转化成本;⑤每个项目的资助期不超过 4 年。

解决实验验证问题的制造技术计划。该计划针对高风险的军事产品开发和生产缺乏成熟制造方法的问题,集中于能直接给国防部门带来利益的技术、工艺和制造能力,验证商业方法的有效性和效益,如干涉式光纤陀螺、行波管等技术。该计划注重发挥杠杆作用,用较少的投资带动产业界投入。支持对象包括主承包商、分包商、供应商、硬件和软件提供商、产业联盟、大学和研究机构。

商业技术嵌入计划。该计划支持首次用于军事用途的商业技术进行工程化和质量测试,减少其在军事运行环境下的风险。该计划采取企业分担成本的方式,更强调首先满足军事需求。

商业运作和支持节约动议计划。该计划是通过开发、测试和嵌入商业技术并应用于军事系统,减少国防运作和维护成本。对企业而言,该计划的管理机制比联邦采购管理合同的约束和负担小,给非传统的国防制造商提供了更多机会。该计划主要支持商业电子和软件技术,以及材料、诊断和检测设备,设计和制造技术等。

采购环节的国防采购挑战计划。国防采购挑战计划设立于 2003 年,目的是识别和引入有创新性且节约成本的技术和产品,为更多的潜在国防供应商增加机会。该计划实施面很广,面向元器件、子系统和系统各个层次。其一大特点是主要面向中小企业,70% 的计划项目是中小企业承担的。每个项目的计划执行期不超过 3 年。

2. 严格且合理设置保密门槛

民企高新技术知识产权转军用的过程中必然涉及国家秘密,美国于 1993 年颁布了《国家工业安全方案》,基本统一了对联邦政府委托合同的保密管理规定。《国家工业安全方案》中有以下三点值得注意:

一是承包商的保密资格等级审查。涉密合同承包商必须接受相应安全等级的设施安全审查和人员安全审查,合同招标时会优先考虑高安全等级的承包商,至少应不低于秘密信息的安全等级。拟参与涉密合同的承包商人员还要经过相应等级的人员安全审查,包括参与涉密合同谈判、投标、报价的员工。非美国人不允许参与涉密合同。

二是交易行为限制。为防止外国获得敏感技术和秘密信息,秘密信息的国际间转移必须通过政府途径,由国家间对等披露和保护涉密信息。未经联邦政府批准,承包商不得擅自出口。如果承包商欲与外国企业谈判合并、接管等事宜,或准备吸收外国人,需事前向安全审查机构提交报告,由安全审查机构进行反间谍评估和技术转移风险评估。

三是独立研发中涉密信息的处理。若承包商在独立研发中使用秘密信息，未经书面认可，不得将秘密信息泄漏给其他承包商。如果承包商的独立研发成果整合了秘密信息，应进行派生定密。

3. 致力双赢的知识产权政策

美国没有国家秘密性质的国防知识产权，国防技术转移中涉及的知识产权问题都服从"联邦版权法""联邦采购法案""国防采购法""统一商业秘密法"等关于知识产权的法律规定。国防部的知识产权政策遵循以下原则：一是高技术采购战略要通盘考虑知识产权问题，保证国防核心利益；二是尊重和保护私人开发的知识产权，鼓励使用美国专利，在执行政府合同和转包合同中，政府原则上只获得最小必需的权利；三是区分并合理使用"可交付的知识产权"和许可授权，允许承包商享有在国防合同中开发的知识产权，政府则得到非排他的许可授权，包括拥有使用、复制、修改、转让、执行、展示和披露的权利，在有些情况下，政府也可以只获得某种产品，但不拥有该产品知识产权，包括许可授权，这被称为"可交付知识产权"；四是需求灵活有效的知识产权解决方案。

（五）主要经验

军事发达国家知识产权制度建设较早，国防知识产权转化机制较为成熟。以美国为例，其国防知识产权转化应用已经形成了较为完整的体系，形成了一套行之有效的管理模式，包括相应组织机构体系、系列法规制度和具体转化措施等方面。

1. 建立了相应组织机构体系

美国把国防知识产权转化工作纳入国家知识产权转化工作体系之中，并已经形成了由国会和总统政策牵引，国防部主导，军政部门协同推进的国防知识产权转化工作组织机构体系。一是国家知识产权转化决策归口管理。美国负责制定知识产权转化发展战略和决策的机构是国家科学技术委员会和总统科技政策局，配合国防部解决国防采办中国防知识产权转化发展中的障碍。在内阁中，设立了部一级的国家科学技术委员会，总统办公系统设有总统科技政策局，内设总统科技顾问委员会和科技政策办公室，为总统处理有关知识产权推广转化事务提供咨询。二是明确国防知识产权转化管理部门。国防部集中领导国防采办事务，国防部长办公厅是国防采办领导机关，主管采办、技术与后勤的国防部副部长全面负责国防采办领域内国防研究与开发、先期技术、推广、应用、研制、生产、后勤等工作，统一领导国防知识产权转化工作。根据《美国法典》第十篇 2515 款的规定，国防部在国防部长办公厅内专门组建了技术转化办公室，该部门几乎每月都组织来自各军种部和相关国防部业务局的代表，召开会议讨论国防知识产

权转化工作，以审查国防知识产权转化中需取得国防部一致同意的一些政策与做法方面的问题。三是明确相关部局知识产权转化管理机构。美国在国防部设置了国防研究与工程署，负责装备知识产权转化工作，同时在国防科技委员会和军兵种管理部门等各部局都设立了负责知识产权转化工作的机构；在国防部国防科技委员会、国防采办部门、导弹防御局等相关部门也设有相应的知识产权转化或应用机构；在军兵种管理层面，在其科技主管部门之下都设立了负责知识产权转化工作的主管机构；国防部各业务部局和军兵种还参加了商业部门牵头的机构间技术转化工作组，该工作一直跟踪联邦政府各部门技术转化工作的贯彻实施情况，相互交流各机构是如何根据其任务情况做出变更以及如何改进各自的知识产权转化工作。另外，美国国家航空航天局每年发布《美国国家航空航天局军转民技术》，推动国防知识产权转化应用。四是科研单位推动知识产权转化应用。美国的科研工作是分散在各政府实验室、研究所、工业公司、高等院校和其他非营利机构中独立进行的。各政府实验室或研究所等科研单位都设有研究与技术应用办公室。该办公室的主要职责包括：评估本实验室的研究成果，为本单位完成的每个科研项目提供一份应用评估报告，将可能获得专利的技术发明进行专利申请，并管理本单位所拥有的专利；向相关部门提供和传播具有应用潜力的产品、技术和劳务信息，促进知识产权向工业部门转化应用；提供信息、中介服务、合作开发和教育训练等服务；与联邦技术转化中心、联邦实验室联合体和其他组织机构合作，提供技术援助，促进技术成果的商业化。

2. 制定了系列政策法规

美国国防部制定了《国防部技术转化技术》《美国国防部渐进式采办中的知识产权转化指南》等文件，对装备知识产权转化环境、转化政策和原则、转化的规划和方法，各种知识产权转化计划等内容进行了全面论述，为相关部门和管理人员从事知识产权转化工作提供了参考指导。国防部国防知识产权转化的政策主要包括：鼓励将国防部开发的或为国防部开发的科技信息、资料和技术秘密，按国家保密要求，转化应用于地方政府及私营工业部门；对于能促进科学发展或具有民用潜力的、为了国家安全和社会经济福利的协作，共同制订未来的科研计划，必要时共同使用科研设施；支持开展合作，推动工业创新，尤其是小企业创新；支持高等院校、工业界和国防部实验室人员之间的交流；支持将国防知识产权转化工作作为科研工作的一部分，并将国内技术转让目标结合到国防部各科研单位的科研任务中。

3. 采取了系列具体转化措施

美国科技管理政策，曾一度重研究轻应用，使得装备科技发展受到负面影响。然而，美国积极调整科技研发策略，营造知识产权推广转化的环境，采取了多种措施推进国防知识产权转化，取得了明显成效，具体包括：

一是制订知识产权转化计划。美国国家科学技术委员会和国防部等部门，制订了军民两用技术应用技术、技术转移计划、技术转化倡议、小企业技术转化计划、技术再投资计划、先进概念技术演示计划、利用民用技术节省使用和保障费用倡议、国防部制造技术计划、国防生产法案第三篇计划、小企业创新研究计划等。各项计划把商业技术的应用扩大到最大范围，并依靠民用工业基础降低了国防成本，缩短了武器装备采办周期，提高了国防动员和作战能力。

二是支持建立推广转化中介机构。美国非常重视知识产权推广，将其看成是公益性事业，因为知识产权推广转化近期商业价值不太明显，但远期社会、经济和军事效益非常显著，故要政府来推动。在推广转化中介服务方面，联邦政府成立了国家技术转让中心、联邦实验室联合体、国家技术信息服务中心等，国防研究与工程署专门建立了国防技术信息中心、技术转化办公室等机构，在各大科研机构都设有科技转化办公室，并设立有全国性的科研成果资料库，各级转化中介机构能够提供全面的知识产权推广转化服务，对于推进国防知识产权转化工作十分有效。

三是扩大知识产权推广转化队伍。充分发挥工业联盟、协会的作用，从民间吸引技术开发资金，促进成果推广转化，是美国实施知识产权转化的重要举措。国防部采取系列的措施，广泛开展产学研合作活动（如研究机构与高等院校、私人企业结盟和合作）、大力吸引创新性小企业参与知识产权创新项目，推动各种技术资源开发和应用。通过建立“结盟”关系，一方面促进技术的持续发展，企事业单位的科技竞争力得到提高；另一方面，进一步挖掘技术资源，更新科技投资市场的观念，利用企事业单位的市场开发能力，高效率推广转化技术导向型产品。

四是优化知识产权转化制度，主动作为。其一，广泛采用经济刺激手段，如通过利润、合同份额、奖金等激励措施，调动相关单位和个人对知识产权转化的主动性和积极性，从而有效推动国防知识产权迅速转化为产品（如武器装备新物质、新材料及其配件），并将产品快速地部署军队并投入使用。其二，进一步落实专利/特许权/合作研究与开发协议制度。国防部技术转化办公室积极进行技术转化的计划管理，推进专利/特许权/合作研究成果实现许可证交易，确保实验室的创新发明能得到及时推广应用，以促进国防部任务的展开及国防工业的竞争能力。根据大华盛顿委员会发表的一份关于大华盛顿地区技术商业化的研究报

告称,专利/特殊权/合作研究与开发协议制度下的许可证交易是衡量研究机构的技术是否得到推广,以及衡量其转化到商业部门程度的一个最好指标。其三,加快作战试验对装备知识产权转化的促进作用。国防部指令 5 000 特别强调了作战试验的重要性,规范了先进技术进入试验的条件、程序和时限要求,促使将成熟技术快速融进武器系统从而迅速形成战斗力,为使技术尽快转化为作战系统发挥了重要作用。从概念探索到批量生产,按传统的实施过程一般历时 10 ~ 15 年,而采取相关推进措施后技术应用实施过程一般只有 2 ~6 年。其四,国防部强化先进技术的对接。一方面,国防技术转化办公室组织或提供讨论会及商业展览机会,通过网站公布、报告发布和“手把手的指导”告知科研单位及人员应采用哪些手段(如专利/特殊权/合作研究与开发协议),以及应如何利用这些手段,从而有效保持与军工企事业单位的联系,增加技术转化机会。另一方面,相关部局指派技术转让专员,执行包括发现市场、开拓市场、二次开发,以及售后跟踪服务等在内的全过程任务,对全地区的企业逐个进行调查,寻求应用国防技术解决问题的机会。

(六)小结

美国形成了完整的民企高技术知识产权转军用的转移体系和相关支持计划体系,并针对不同环节提出了解决问题的主要方法,提供了灵活多样的合作机制和工具以及严格且合理的保密门槛和双赢的知识产权政策。因此在“民技军用”方面成果丰硕。例如美国 20 世纪武器装备研制大量采用了民企高技术知识产权,政府研发投资总额由 53% 降到了 16%,极大地减轻巧了政府财政负担。同时,民企参军也找到了新的经济增长点,大量企业积极向发展中国家出口军火,在世界各国军火出口总额中,美国的军火出口比例最高,这些参军企业取得了丰厚的回报。

二、英国民企高新技术知识产权转军用基本情况

(一)发展历程

英国的军工资产经历了由私有到国有,再由国有到私有的历史演变过程。当前,英国的军工资产中私有资产和私营资产的比例很大,国有资产的比例很小。经过 20 世纪 90 年代后期的不断调整和改革,英国国防工业已逐步形成了由几家世界著名的大型防务公司构成的国防工业体系构架,如 BAE 系统公司、罗尔斯·罗伊斯公司、GKN 公司及奎奈蒂克公司(QinetiQ)等大型的跨国公司。

(二)政策制度

冷战结束后,英国顺应世界新军事革命发展的大潮流,启动军事转型,建设“信息时代的军队”,大量采用民企高新技术特别是信息技术,并将其作为加速推进军队转型的最重要举措之一。为了推动“民技军用”,英国国防部推出了一系列相关战略规划,主要包括《精明采办战略》《科技与创新战略》和《国防工业政策》白皮书,这些战略规划涉及内容广泛,但都重点强调“民技军用”。

英国国防部 1998 年 7 月颁发的《精明采办战略》强调,必须调整武器装备采办体制,对相关组织机构、采办政策、审批决策、项目筹划、经费管理等进行全面改革,特别是要加强与工业界的关系,建立民用技术转为军用的顺畅渠道。英国国防部 2001 年 9 月颁布的《科技与创新战略》中,全面系统地阐述了未来 20 年英国国防科学技术的发展目标、管理政策和实施举措,其中特别重视利用民营科研机构的科研成果和飞速发展的军民两用技术,主要是武器装备信息化建设急需的信息技术。2002 年 10 月出台的《国防工业政策》白皮书,提出要尽快建立军民结合的国防工业体系,加强军地合作,切实推进“民技军用”,尽可能多地利用现成的民用高技术发展信息化武器装备。2006 年 10 月颁布的《国防技术战略》列出了今后 15 年重点开发的指挥控制、通信、计算机、侦察监视、目标捕获、作战支援、火炸药、核生化、无人机等 11 大类技术,不仅有助于军方和工业界制订长远技术研发计划,还可为英国科学技术基础的发展提供有力支撑,为民营高技术企业提供研制军品的指导,进一步推动了“民技军用”的实施。

(三)管理机构

为了最大限度地利用民用技术成果,英国先后设立的推动民企高新技术知识产权向军用转移的管理机构及相应职能如附表 A－3 所示。英国国防研究局(Defence Research Agency)主要职能之一是促进技术从军用技术部门转移到民用技术部门,其中部分技术转移是通过与私营单位合作完成的。1995 年国防研究局与其他四个研发组织合并成为国防评估与研究局(Defense Evaluation and Research Agency),隶属于国防部。此后,国防评估与研究局的非国防业务量逐年增加。1998 年,该机构开始通过发展民用技术和参加商业活动以提高收入,采取商业运作模式保障其经济利益和国际竞争力。国防评估与研究局设有一些军民两用技术中心(Dual Use Technology Centres),如结构材料中心、超级计算中心、海洋技术中心、电信与信息中心、图像工程与软件工程中心等,这些中心重点关注 15 个具有民用功能的国防技术研究领域。另外,英国政府部门在制定政策时也重视军民两用技术。例如,贸易与工业部(Department of Trade and Industry)把

发展军民两用技术作为促进其政策发展来改善英国工业研究能力的一种方式。英国议会科技办公室(Parliamentary Office of Science and Technology)积极参与国家战略性的科学技术活动,例如 1992 年在国内进行了一项两用技术研究及一系列技术转化活动。如附表 A-3 所示。

附表 A-3　英国军民技术转移管理机构及相关职能

机构名称	相关职能
国防研究局	促进军用技术转化为民用技术
国防评估与研究局	促进军用技术转化为民用技术,更加重视技术转化的经济绩效
两用技术中心	为从事军民两用技术的研究提供便利
贸易与工业部	制定政策时,注重军民两用技术
议会科技办公室	积极参与国家战略性的科学技术活动

(四)主要措施

1. 实施多种形式的技术转移倡议

为加强国防部与工业界、院校的深度合作,推动创新技术在武器系统中的开发应用,英国政府、国防部实施了各类技术转移倡议,如国防部设立了卓越之塔(Towers of Excellence)技术转移倡议,通过科研机构与企业的合作,促进科研机构技术成果的转化应用。该倡议由国防部牵头,选择合适的技术领域,与遴选的工业企业和科学技术团体合作,促进科学技术团体的技术成果尽快地应用于工业企业的装备研制生产中。实施地点的选择通常考虑与装备供应部门的合作是否方便,以便为装备供应部门提供最终的世界级装备。

2. 积极采用民用规范

英国推进民企高技术知识产权转军用的一个重要做法,就是改革军用标准、积极采纳民用规范。为了使先进的民用技术更好地为军队服务,英国不仅在武器装备采办管理中提倡采用民用规范,而且在民用标准与军用标准虽有冲突但不影响军事需求的情况下,有限采纳民用标准。另外,英国国防部还对已有的军用标准和规范进行了全面审查、清理,废止了大量的军用标准,提高了民用标准和性能规范在国防部标准化文件中的比例,鼓励承包商最大限度地采用能够满足军事需求的民用标准和性能规范,只有在没有相关民用标准或者民用标准不能满足军事需求的情况下,方可使用军用标准,且必须得到有关部门批准。英国

国防部采办局提出，对于那些技术风险低、无须严格审查的项目，直接从市场上采购货架产品能够节省费用20%。

另外，英军还全面推行“单一过程协议”，即在亦军亦民企业中推行单一的标准规范、质量体系和会计制度，使军用、民用产品的质量体系和工艺规程合二为一，以充分发挥承包商的积极性和创新能力。例如，英军在采购45型驱逐舰、欧洲战斗机等装备的过程中，不按军用标准而以性能规范提出采购要求，给予承包商足够的自主权和灵活性，承包商根据自身情况，自主选择任务内容、时间安排、标准规范，以及商用管理、规程和标准，这一做法既调动了承包商的积极性，又降低了科研与生产成本。

3. 倡导科研单位与企业开展合作研究

合作研究是市场经济发达国家普遍采用的一种促成技术转移的方式。英国政府包括国防部在内普遍推行这种方式。其主要做法是：大学或科研单位研究出一项科技成果，或者是已经申请专利的较为成熟的成果，或者尚未申请专利的技术发明，大学、科研单位与企业可签订一种选择权协议，企业一次性付给大学一笔科研经费，用于对不太成熟的科研成果进行深化研究，相应的大学给企业该项成果知识产权的第一拒绝权，即该企业优先享有此项知识产权，只有在该企业对此成果不感兴趣时，大学才可以将知识产权转让给其他企业。这种大学、科研单位与企业合作研究的方式，能够借助企业的经费和推广应用经验，促成大学或科研单位的科研成果尽快走向成熟化，并快速转化应用到企业中。

4. 通过专利许可证贸易推动技术转移

专利技术含量较高，专利许可证贸易的产权关系明晰，便于科技成果的转化的利益分配，这是促进技术转移的一种常用方式。英国作为专利制度十分完善的国家，大量采取专利许可证贸易方式，促进技术转移。其主要做法是：专利许可方与被许可方签订涉及知识产权转移的协议，规范专利权、版权、技术秘密等知识产权的使用权，包括复制权、生产权、销售权等方面的规定，使大学和科研单位等知识产权产生方在拥有知识产权控制权的同时，又获得该项知识产权企业应用的提成收益，企业可以拥有知识产权的使用权，产生产品和经济效益。2004年到2008年，英国大学专利许可合同数量增加了48.2%。大学通过专利技术许可合同获得相应收入，除弥补知识产权保护的成本外，还可以获得可观的盈利，进一步激发了大学开展技术转移的积极性，同时企业也获得了由知识产权带来的经济效益。

5. 建设信息技术平台助推技术转移

随着信息技术和网络技术的飞速发展，英国国防部等政府部门越来越重视

信息技术平台在技术转移中的作用,借助各式各样的信息平台,发布并广泛宣传相关科技成果信息,为成果供需双方建立起便利的沟通合作渠道,更广泛、快捷地促进各类科技成果的转化应用。在国家层面,各类研究理事会建立了各类科技成果信息数据库和技术转移平台,贸易与工业部建立了知识转移网络,将企业、大学、科研机构、金融机构和科技中介机构及其相关信息汇集在一起,进行知识和技术交流,推动各专业领域的科技创新。在国防部层面,国防技术转移局建立了技术评估系统和技术转移平台,根据技术成果使用用户的需要,确定相应的技术规格,从数据库中寻找相应的技术成果,满足用户需要。几年来已取得了显著的实际成效,促成了液晶显示技术、噪声环境语音识别技术等多项成果的转移应用。

(五)小结

英国学习借鉴美国的做法,越来越重视民企高技术知识产权转军用,不断健全技术转移管理体制和运行机制,并取得了显著成效。一是技术转移组织体系健全。在国家和国防部层面都设立了专门的技术转移管理部门,如国防部技术转移局,大学和科研单位技术转移办公室,配备有既懂技术更懂技术成果的转化应用、精通产业化知识和技能的技术转移管理人员,对英国科技成果转化应用起到重要作用。二是技术转移运行机制顺畅。在国家和国防部层面上,技术转移工作程序规范,有章可循,而且有较好的保障措施,技术转移机制顺畅、有效,各类技术转移活动都能顺利实施。三是全方位推动效果突出。国防技术转移从诸多角度采取有效措施,“计划牵引、合作研发、产权推动、中介促进、平台推广”的全方位联合促进技术转移的模式,加快技术转移进程和效果,这种模式的综合效益得到了非常好的体现。

三、其他国家民企高新技术知识产权转军用基本情况

(一)发展历程

1. 法国的军工资产从所有制属性来看,主要是国家投资形成的国有军工资产。国有军工企业和军工资产在其国防工业中占有很大的比重,这是法国政府长期推行国有化政策的结果。20 世纪 70 年代到 80 年代,随着左翼的社会党上台,法国连续兴起了两轮国有化的浪潮。在这两轮国有化的浪潮中,法国政府通过直接投资和强行购买私有军工企业的股份,完成了军工企业和军工资产的国有化。例如,1978 年,法国政府强行以购买股票的形式对当时完全属于私有企业

的达索飞机公司进行国有化,使得法国航空工业军工资产的国有比重显著提高。经过两次国有化的浪潮,法国国防工业中国有军工资产的比重一直保持着很高水平。近年来,军工资产的增加大多由法国政府直接投资形成。如今,法国的国有军工资产主要分布在国有军工企业集团和政府直接经营管理的科研生产机构中。

2000 年以后,法国国有军工资产的企业组织结构和比例都发生了较大的变化,具体表现为以下几个方面:

第一,过去很多由国防部等政府机构直接经营管理的、不具有独立法人资格的军工资产通过改制和改组变成了国有自主经营的公司制企业。

第二,通过企业合并形成了由许多子公司组成的大型军工集团。截至 2013 年,法国已形成了六家实力雄厚的国有军工企业集团(阿海珐工业集团、泰勒斯集团、赛峰集团、DCNS 集团、达索飞机公司和奈克斯特集团),这六大军工集团涵盖了法国国防工业的四级[注:核工业、航空航天、军用电子和机械制造(主要指舰船与地面武器制造)]构成了当前法国国防工业的核心和基础,左右着法国国防工业和军工经济的发展。

第三,当前法国的国有军工企业几乎已经不再是纯国家所有制,而是成为国家资本、社会资本甚至境外资本相互融合的混合所有制公司。如果说国家在国有军工企业集团的母公司中一般还保留着绝对的控股权的话,那么在子公司中法国政府就不再拥有绝对控股权了。同时,由于社会资本和境外资本的渗透,不可避免地导致了国有军工资产管理原则的变革,这些国有军工资产被要求赋予了更多的经营自主权。

2. 俄罗斯是世界上仅次于美国的国防工业大国,其国防军工资产大都来源于前苏联和后来的俄罗斯联邦的政府直接投资。1991 年苏联解体时,俄罗斯继承了前苏联国防工业 85% 的科技与生产能力。在苏联刚解体的 5 ~ 6 年中,由于俄罗斯经济的严重衰退和与之相连的经济转轨、大规模私有化进程的加快、俄罗斯对冷战结束后安全战略的重新评估导致俄对军事需求的极大变化、俄武装力量规模的缩小。由于这些政治、经济和制度方面的原因,使俄联邦国防预算急剧降低、国防订货锐减且订货资金不能及时到位、军品出口量大幅下降。由此而引发了俄罗斯国防工业在结构、技术、人才、经济等方面的严重危机和国防科技工业能力的大幅下滑。

据俄官方统计,1992 年 1 月 1 日,俄罗斯国防工业综合体包括了 2 160 个企业和机构,至 20 世纪末,俄国防工业综合体的生产量已下降到 1991 年的 20. 1%(俄罗斯国内生产总值已下降到 1991 年的 25%);国防工业综合体的总投资量仅

为 1991 年的 7.5%（联邦预算总投资仅为 1991 年的 2.81%）；国防工业综合体的从业者降到 1991 年的 41%，年龄结构从平均 39 岁上升到 50 岁；国防工业综合体的生产负荷量（开工率）仅为 1991 年的 15.7%。至 20 世纪末，俄罗斯国防工业综合体面临的主要问题是：国防科技工业总体滑坡，2/3 以上的企业和机构债务缠身、科研生产任务严重不足、经营不善（面临破产的境况）、生产设备日趋老化、人才质量下降且大量流失、科研与生产水平严重下滑；创新能力严重不足，国防科技储备日趋耗尽；无法为武装力量提供新型武器与装备；在国际经济市场的竞争力下降。

在经济环境方面，20 世纪末及 21 世纪初，随着国际市场石油价格的不断上扬，以及俄政府大幅调整经济政策等内外多种因素的综合影响，特别是在普京执政后，俄政府持续推行稳健的社会经济政策，进一步深化社会和经济自由化改革，大力拓展国外能源市场，使俄罗斯宏观经济指标开始上扬。在这一有利环境下，发展国家经济、复兴俄罗斯的国际威望成为俄当局的中心任务和朝野共识。而复兴作为国家经济火车头的国防工业自然成为俄政府的首要发展任务。

此外，俄罗斯独立后，由于在 20 世纪 90 年代的裁军和非系统性的改革期间，俄联邦武装力量消耗掉了苏联遗留下来的大量武器储备，而在国家极低的国防订购水平下，国防工业综合体又没有足够的资金来研制和生产新型武器与军事技术装备，导致俄联邦武装力量的现代化装备率极低，且部队的武器与军事技术设备极大地老化过时，尤其在信息技术武器方面与美欧的水平仍有较大距离。

为了应对国内外政治和经济环境的快速变化，尤其是面对信息时代作战能力和现代化武器装备的需求，俄政府开始调整其国家安全战略和军事战略：一方面将支持发展科技和生产、提高人民的生活水平、稳定社会的经济和政治，以及保障国家领土完整和有效抵御国内外威胁确定为制定国家战略目标的方针，同时，将现代化军事武装力量和改革国防科技工业体系作为紧迫的国家战略任务，并将武器装备现代化和国防工业的现代化确定为优先发展方向。俄政府明确制定了发展国防工业的目标，为保障国家经济的发展和国家安全、现代化军事武装力量，改革俄国防工业，提高竞争力。为此，俄政府持续颁布数版《国防工业综合体改革与发展》联邦专项计划，制定了加强国防工业的国家管理、改造所有制、重组企业、优化产业结构、增加核心竞争力的方针，如附表 A－4 所示。

附表 A-4 俄罗斯国防工业综合体各行业的一体化机构和战略企业与公司的分布数量

行业	企业与机构数量					
	总数	一体化机构数量				战略数量
	2011 年底	2006 年	2008 年	2011 年	2012 年	2012 年
导弹,航天工业	91	2	4	14	15	17
航天工业	223	8	13	9	10	10
常规武器工业	179	1	2	6	9	4
弹药与特种化学工业	110	0	0	0	5	27
舰船制造工业	146	3	4	11	11	11
无线电工业	179	5	5	6	6	11
电子工业	124	1	3	2	2	4
通信设备工业	120	2	3	2	3	7
核工业	55	1	1	1	1	11
其他	118	0	0	1	1	9
总计	1 345	23	35	52	63	111

(二)政策制度

德、法、俄罗斯等国家在推动民企高技术知识产权转军用方面出台了大量的政策,并形成了较为完整的政策体系。

作为两次世界大战的战败国,德国没有独立的军工体系和国防科研体系,而是充分利用民间企业和科研机构,将军品的科研生产纳入市场体系之中,并由国防部的国防技术和采办总署通过合同方式管理。在武器采办工作中,德国政府强调应尽可能购买现成产品、改进原有武器装备等办法,特别是一些可以从民用市场上买到的装备,如通信技术、大型运输设备等;在武器装备研制工作中,应尽可能采用现有的部件和元件,甚至更多地采用民用部件和元件,只有在十分必要时才采用新研制部件;尽量采用现有成熟的工艺技术,只有在能够降低成本的前提下才采用新技术。

法国在军民间建立起协调沟通机制,鼓励工业界与国防科研机构合作。如 2001 年法国国防部与研究部签署科技合作协议,要求在科技合作中协调制定两个部的科技政策并进行科技项目合作。合作的领域包括:共用基础技术(材料技术、纳米和微米技术、生物技术、光电子技术等),军用装备中使用的民用技术(信息和通信技术、集成电路等),以及扩散到民用领域的军用技术(航空和航天等)。

俄罗斯与西方主要发达国家相比虽然比较滞后，但也开始采取具体措施。例如 1995 年后，俄罗斯相继出台了一系列国防采办法规，如《俄罗斯国家军事订货法》《俄罗斯国家所需商品与服务订货竞争法》等，并以“联邦专项纲要”的形式，出台了多项高新技术发展计划。这些措施的贯彻落实，为俄罗斯军地双方今后加速推进“民技军用”战略奠定了坚实基础，创造了有利条件。一是《2002—2006 年国家技术基础》联邦专项纲要；二是《2002—2010 年电子俄罗斯》联邦专项纲要；三是《2002—2011 年全球导航系统》联邦专项纲要。三大专项纲要为民企高技术知识产权转军用提供了经费和政策支持。

（三）管理机构

俄罗斯、法国、日本等国家均设立了推动“民技军用”或军民两用技术发展的专门的管理机构。

如附表 A－5 所示，法国军备采办局（French Armament Procurement Agency）于 1997 年进行改革，其主要使命是管理军备项目，采购武器装备，联系科学技术专家，管理武器装备的试验和评估等，在完成其使命时非常重视促进法国军民两用技术发展。法国军备采办局对开发和生产军用装备过程的各阶段直接负责，因此它是法国国防技术研究和工业政策的主要执行者，也是更加有效执行两用技术策略的主体。法国原子能委员会（French Atomic Energy Commission）作为法国核领域军民两用技术的机构，既促进和平利用核能技术，又通过其管辖的知识开发中心（Knowledge Exploitation Centre）收集新知识并分类，以便今后能够用于发展武器。法国航空航天研究中心（French Aeronautics and Space Research Centre）创建于 1946 年，是当今法国航空航天领域的主要研究机构，其核心能力在于飞机、直升机、导弹和太空领域。该机构通过重组来自不同组织的航空研究团队而成为连接科学研究与产业之间的桥梁。

附表 A－5　法国推动民技军用相关管理机构及职能

机构名称	相关职能
军备采办局	促进军民两用技术发展
原子能委员会	在核领域，促进军民两用技术协调发展
原子能委员会知识开发中心	跟踪并积累核武器的核心新知识，保障核技术领先地位
航空航天研究中心	促进航空航天军民两用技术产业化

如附表 A－6 所示，日本防卫厅（Japan Defense Agency）管辖的技术研究本部（The Technical Research and Development Institute）专门设立一个部门收集关于军

民两用技术信息，并协调将这些技术转为军用技术。例如，1987 年技术研究本部集中日本光学、电子学和指挥自动化技术系统，并与军品承包商联合将军民两用技术转化为武器系统。日本一个很重要的促进民用技术转移为军用技术的机构，就是通商产业省(Ministry of International Trade and Industry)。该机构于 2001 年日本中央政府对政府机构改革中改名为经济产业省(Ministry of Economy, Trade and Industry)。政府机构改革后，经济产业省依然监管着 15 个实验室和服务于技术创新及数量众多的原创性研究项目。这些实验室已经支撑了私营企业无法完成的先进技术研发，但如此研发活动促进了高端民用产品技术的发展，而这些民用技术又应用到国防装备中去。

附表 A－6　日本军民技术转移管理机构及相关职能

机构名称	相关职能
防卫厅	支持军民两用技术向军用转移
防卫厅技术研究本部	跟踪并组织促进军民两用技术转化
经济产业省	监管技术研发机构，促进民用技术转化为军用技术

(四)主要措施

1. 精简军事科研生产

典型国家对军事科研生产的精简分为两类，以德国、日本等国为代表的国家，受和平宪法约束开展的被动精简和以法国为代表的国家主动精简。

以德国、日本为代表的国家，主要采用“寓军于民”国防科技工业体系。他们受“战败国”限制，不可能大张旗鼓地发展独立的国防科技工业。因此巧妙包装民营企业，把大部分军品研发任务和全部生产任务以合同方式委托民营企业或公司承担，建立了“掩军于民”的国防科技工业体系。日本从事军品生产的民间企业约有 2 500 家，进行研发及制造军品的职员约 4 万人，年生产规模达 200 亿美元。如金刚号导弹驱逐舰和 90 式坦克等就出自三菱重工集团。

法国则对与民用企业科研项目相重复的项目一律予以撤销，并对一些相关的军品企业与民用企业合并，增加军事企业的私有化成分，以充分利用民用技术资源与科研力量。统计资料表明，在航空航天和国防电子工业领域，法国有 5 家实力相当、相互竞争的企业。如航空航天公司和达索公司都研制飞机，汤姆逊公司和阿尔卡特公司都经营国防电子，航空航天公司和马特拉公司都生产导弹。为了减少重复科研与生产，法国政府对这 5 家国防军工企业进行了重组与改革，对重复的科研项目进行合并，国家让出部分企业的控股权，增加企业的“私有化”

成分，以充分利用民用技术与资本。

2. 加快军民企业重组

法国国防部指出，只要能满足军事需求，没有必要全部使用高性能、高价位的军用产品，应更多地使用按商用规范生产的民用产品，以降低采办费用。与此同时，法国国防部还对军事科研进行了精简。对与民用企业科研项目相重复的项目，法国国防部一律予以撤销，并将一些相关的军品企业与民用企业合并。20 世纪 80 年代，法国军事研发经费占法国军事预算的 4 成，到 90 年代下降为不足 1/3。

20 世纪 90 年代初期，俄罗斯军队的物资供应就逐步从“国家按计划划拨”逐渐向以“计划供应为辅、市场采购为主”的供应模式过渡。近年来，俄军后勤系统更是扩大了从市场上采购物资的规模。为此，俄罗斯已连续四年举办“俄罗斯生产商与武装力量供应”洽谈会，通过招标、竞标购买通用物资。对原有的国防工业体系，俄罗斯大力推动军民企业重组，重组后的企业按照市场化招投标方式参与物资供应采购。

3. 改革军用标准体系，提倡采用民用规范

冷战后特别是近些年来，国外典型国家在装备采办管理中，都提倡采用民用规范，以降低研制成本，调动承包商的积极性。

如法国认为，只要能满足军事要求，就没有必要大量使用高性能、高价位的军用产品，应更多地使用按商业规范生产的产品，应更多地采用民用标准。日本在修改军事技术规范、采用民用技术标准方面，也做了大量工作。1999 年以后，日军对其使用的技术标准手册进行大清理，共修改或废止军事技术标准及技术规范 10 231 项，占全部军事技术标准的 74%。2003 年，日本防卫厅又在其指定的新武器装备采办政策中提出，用民用技术标准取代约 18 000 项防卫厅专用的军品标准和规范，并强调尽可能多的采购商业产品和采用商用规范。

（五）小结

与美、英相比，法、俄等其他典型国家民企高技术知识产权转军用在世界各国的提法和做法各不相同，但其宗旨基本一致，就是把民用高新技术用于武器装备研制和国防科研生产，加快国防建设，保障国家安全稳定。这些国家在民技军用的实施中，虽然在制度和管理方式上都各不相同，但是通过研究世界各国的成功做法，结合我国的实际情况，可以总结出一些经验和方法，其成功经验和做法对我国推进民企高新技术知识产权转军用工作是有一定的参考作用的。

四、典型国家经验启示

(一)主要成效

国外典型国家在推进“民技军用”的种种努力,对国防工业建设和武器装备发展起到了积极作用,主要表现在以下几方面。

1. 产生了巨大经济效益,推动国民经济发展

新军事革命条件下,发展信息化武器装备所需的绝大部分军事技术同时也是民用技术。据统计,85%的核心军事技术是民用技术,80%以上的民用关键技术可直接用于军事目的,军民两用技术可以产生巨大的经济效益,推动国民经济的发展。如美国国会一份研究报告称,航天技术的二次应用,每投入1美元能产出7美元的效益,更重要的是可加速军队信息化建设步伐,特别是武器装备信息化建设速度。

2. 激发促进了民用企业投资开发新技术

以信息化技术为例,电子计算机技术是其基础支撑,而电子计算机技术核心是硅片,硅片的“娘家”就是民用公司。信息化技术在几十年的时间内渗透到了各行各业、各个角落,并使人类生活发生翻天覆地的变化。面对滚滚而来的财源,这些民用技术公司再也不需坐等军方的投资来研发新的信息化技术了,而是可以根据市场的需要,随时投入巨资去开发更为高级的信息化技术。美国人自己都说,“现在的‘硅谷’与其说是一个商业中心,倒不如说它是一个武器库”。

3. 减少了武器装备研发投入,缩短了研制周期

一项高新技术,特别是重大高新技术的研制,要投入巨额资金,这是包括强国在内的军方最为头痛的事。“民技军用”的盛行无须或大幅减少了政府、军方在这笔费用上的负担。另外,技术发明并不是今天想、明天就有的,它有一个研发周期,少则数年,多则十几年。可军用的“民技”已经成熟,不需要管它的研发周期,军方出资订货便可很快拿到成品,稍加操作训练便可形成战斗力,这就大大缩短了新型武器装备的列装时间,加快了武器装备的更新步伐。

4. 减少了军方编制员额和人员费用负担

军方自行组织研制、生产新技术产品,需要编配大量军方科学家与技术人员,以及小而全的科研、生产部门,这会增加军方编制员额方面的负担,加大人员费用的份额,通过“民技军用”军方则可甩掉这个包袱。以美国为例,从1960年到1970年,与军事相关的研发开支占全美技术研发开支总额的比例从50%降至33%,现在已降至15%以内。

(二)经验启示

在政府的管理方面,国外典型国家大都建立了专门的机构来推动民企高技术知识产权的实施转化,我国可以依据国情和条件,发展具有中国特色的民技军用工作。

一是现在的国防科技工业是一个独立、完整的体系,在不破坏或压缩这个体系的基础上,使民营经济和高新技术与国防科技工业相融合,在经济建设和国防建设融合发展的大前提下,具体实施“民技军用”,以最小的成本、最高的效能、最快的方式使国防科技工业快速发展。

二是密切联系市场,遵循经济规律。“民技军用”的实施还要结合我国市场化改革进程,在转化转移过程中,与市场有着非常紧密的联系,离不开市场的需求。“民技军用”实施的市场化进程并不是很深入,相比世界其他国家还有一定差距,而且市场规则方面还不尽完善,不规则,滥竽充数的市场非常多。

三是长期以来,国防军工行业相对独立、闭塞,以保密为优先的这种发展,阻止了很多民用高新企业的进入,要针对目前的状况加快融合的步伐,这种融合是大势所趋,是社会的发展、生产力的发展、先进技术发展的大势所趋。基于这种融合的趋势,民技军用工作的开展必将以更加积极、更加包容、更加开放的姿态加入到大势中去。

五、对策建议

(一)树立“军技民用”与“民技军用”相结合的战略思想

随着未来科技的发展,民用技术将越来越多地应用于军事装备。据统计,国外军事装备技术中85%采用的是民用技术,纯军事技术只占15%。美国95%的军事通信利用了民间网络,其中有15万台以上的军队计算机通过Internet互联。

在我国国防科技工业多年来军转民实践中,“军技民用”发挥了巨大的作用,极大地促进了我国民用技术的发展和国家经济建设。但随着市场经济体制的建立和经济的持续发展,民用高科技的某些领域已经超过军工部门,尤其在电子、计算机、制造和材料技术等方面。“民技军用”成为国防工业发展的必然趋势。因此,促进我国经济与国防的协调发展就必须树立“军技民用”与“民技军用”相结合的战略思想,既要加强军用先进技术向民用转移,又要充分发挥民用科技在科技强军方面的作用,走出一条既可尽快为军队提供最先进且国家又负担得起的武器装备,又可有效推动国民经济发展的路子。

（二）制定和完善相关的法规政策

长期以来，我军武器装备科研生产多采用在军工系统内部发放许可证，通过军事科研院所和军工企业共同研制生产，因此，法律法规明文限制非国有企业参与军工科研生产。如1988年颁布的《中华人民共和国私营企业暂行条例》规定："私营企业不得从事军工、金融业的生产经营。"又如1993年颁布的《中华人民共和国公司法》规定："国务院确定的生产特殊产品的公司或属于特定行业的公司，应该采取国有独资公司形式。"这些政策法规，对民用企业参与军品科研生产及"民技军用"，构成了直接或间接的限制。

进入21世纪以来，总装备部陆续颁布实施一些法规和办法。2003年1月开始施行《中国人民解放军装备采购条例》；2003年12月26日发布施行《装备承制单位资格审查管理规定》；2005年2月13日颁布施行《中国人民解放军装备科研条例》，这是我军装备采购工作、装备承制单位资格管理和科研工作的第一部基本法规；2005年6月15日国防科工委颁布施行《武器装备科研生产许可实施办法》。上述法规和办法，为具备资格的私营、外资、合资企业进入军工科研生产领域提供了法律依据，也为"民技军用"提供了广阔的发展空间。

（三）营造有利于民用企业参与军品科研生产的宏观环境

民用企业参与军品科研生产，可以进一步打破军工封闭状态，减少军工重复建设，提高武器装备研制生产水平，加快形成军品生产有序竞争的局面。但是，许多能够符合条件的民用企业因军品需求信息缺乏规范的沟通渠道、信息不对称等原因，其"民技"尚未得到很好的"军用"。为此，我们必须营造有利于民营企业参与军品科研生产的宏观环境。

1. 规范沟通渠道，成立中介服务组织

成立行业协会、商会和咨询服务公司，为参与军品科研生产企业，特别是民企提供服务、协调和沟通的功能，从而降低军品供需双方的信息搜寻成本。美国成立了官方和民间两类国防服务的咨询机构，主要有国防长远规划研究机构、国防合同审计管理机构、国防财务会计服务机构、国防信息系统和情报机构、国防工业协会、美国防御预备协会等。其主要职能是提供咨询信息、促进先进管理技术在国防部门和企业的应用、对政府采办人员进行培训等。正是这样一大批中介服务组织，解决了政府与国防企业沟通与合作问题，推动了美国国防工业的发展。

2. 降低民用企业进入的隐性壁垒

为了确保真正有实力、有信誉的企业进入国防工业体系，建立对"候选"非国

有企业的资格评估与认证制度是必要的。但政府管理部门和大军工集团也要转变观念，对民用企业进入国防领域要从国家战略利益的高度来看待，民企参与军品科研生产是促进军工体制改革、提高军工企业活力和竞争力、提升国防实力和国家安全的需要。为此建议政府和军队有关部门可以简化申请程序，降低办事手续，加快“四证”审批和发放的速度，降低民企的进入成本。军工集团也不应为民企设立新的行业隐性壁垒，阻碍广大民企的进入。

3. 制定公平的竞争机制、有效的激励机制和妥善的退出机制

制定公平的竞争机制和有效的激励机制，可以调动非国有信息技术企业研发军工产品的主动性、创新性以及履行合同的积极性。由于非国有企业的科研生产活动是市场经济下的商业行为，存在竞争，也就有破产的危险，所以还要建立妥善的退出机制，以确保国有资产保值和军工科研生产能力的持续发展。

4. 建立监督制度，保障军品配套市场健康发展

为避免过度垄断，不正当竞争，以及防范出现违法交易和腐败行为，我们应当规范配套市场规则，建立各种制度，例如资质审查制度、招标监督制度，以及稽查制度等。政府主管部门依据各类制度进行监督检查，发现并处理违规行为，净化军品配套市场，保障其健康发展。

附录B

中美知识产权政策法规比较研究

世界知识产权组织在2015年3月19日发表的报告显示,2014年中国企业在《专利合作条约》框架下共提交了25 539件专利申请,较2013年增长了18.7%,中国企业已成为世界知识产权组织专利申请大户,加强知识产权管理和保护,促进知识产权运用和服务经济社会发展,是具有重大意义的事情。比较中美两国知识产权政策法规,借鉴美国的成功经验,对于促进中国知识产权发展将颇有益处。

一、近年中国知识产权政策法规取得的主要成绩

(一)将知识产权战略上升为国家战略

2008年6月5日,国务院发布了《国家知识产权战略纲要》,首次将知识产权战略上升为国家战略,凸显了知识产权在国家创新发展中的地位和作用。同时,2014年12月10日,国务院办公厅颁布《深入实施国家知识产权战略行动计划(2014—2020年)》,为中国实施知识产权战略制定了主要目标、实施步骤、保障措施等,进一步体现了中国对知识产权日益成为国家发展的战略性资源和国际竞争力的充分肯定。

(二)知识产权法律法规体系建设取得新进展

1. 著作权、商标、专利等领域的法律进一步修订完善

2010年4月1日,新修订的《中华人民共和国著作权法》开始实施,为保护文学、艺术和科学作品作者的著作权,以及与著作权有关的权益,鼓励有益于社会主义精神文明、物质文明建设的作品的创作和传播,促进社会主义文化和科学事业的发展与繁荣提供了更加完善的法律保障。2013年8月30日,全国人大通过《中华人民共和国商标法(第3次修正)》,进一步加强商标管理,保护商标专用

权,促使生产、经营者保证商品和服务质量,维护商标信誉,以保障消费者和生产、经营者的利益。2015 年 4 月 1 日,国家知识产权局主持起草的《中华人民共和国专利法修改草案(征求意见稿)》《职务发明条例草案送审稿》公布,面向社会公开征求意见。

2. 专利实施强制许可、专利标识标注、知识产权的行政复议规程等方面的法规已陆续出台

2012 年 5 月 1 日《专利实施强制许可办法》开始实施,规范了实施发明专利或者实用新型专利的强制许可的给予、费用裁决和终止程序;同一天,《专利标识标注办法》开始实施,规范了专利标识的标注方式,维护正常的市场经济秩序。2012 年 9 月 1 日,《国家知识产权局行政复议规程》开始实施,有效防止和纠正违法或者不当的具体行政行为,保护公民、法人和其他组织的合法权益,保障和监督国家知识产权局依法行使职权。

(三)知识产权政策措施进一步完善

1. 加强生产性服务业企业知识产权保护

2014 年 8 月颁布的《国务院关于加快发展生产性服务业促进产业结构调整升级的指导意见》明确提出,“鼓励生产性服务业企业创造自主知识产权,加强对服务模式、服务内容等创新的保护;加快数字版权保护技术研发,推进国家版权监管平台建设;扩大知识产权基础信息资源共享范围,促进知识产权协同创新;加强知识产权执法,加大对侵犯知识产权和制售假冒伪劣商品的打击力度,维护市场秩序,保护创新积极性”。

2. 以知识产权公共服务的形式支持小微企业创新发展

2014 年 10 月,国家知识产权局印发《关于知识产权支持小微企业发展的若干意见》,在扶持小微企业创新发展、完善小微企业知识产权社会化服务、提高小微企业知识产权运用能力、优化小微企业知识产权发展环境等方面,为小微企业创新发展指明了方向。

3. 强化知识产权保护制度建设以促进创新驱动发展

知识产权作为促进科技创新的重要内容,越来越得到国家的高度重视。2015 年 3 月 13 日,中共中央和国务院联合颁布《关于深化体制机制改革加快实施创新驱动发展战略的若干意见》,明确指出,“营造激励创新的公平竞争环境”,“发挥市场竞争激励创新的根本性作用,营造公平、开放、透明的市场环境”,将“实行严格的知识产权保护制度”作为“营造激励创新的公平竞争环境”的首要措施。

二、美国知识产权政策法规的具体实践

(一)长期将知识产权战略上升为国家战略

面对巨大的国际竞争压力,1979 年美国总统卡特提出“要采取独自的政策提高国家的竞争力,振奋企业精神”,并第一次将知识产权战略提升到国家战略的层面。此后,一直坚持这一做法。2010 年 7 月,由美国专利商标局在《2010—2015 年战略计划草案》中提出制定《21 世纪国家知识产权战略》,该战略内容的前三部分均是关于科技创新方面的内容。具体内容包括:强调知识产权在科技创新和发明创造中的作用;如何促进技术创新、创新成果转移和商业化;激励新技术。2013 年 6 月 20 日,美国白宫通过知识产权执法协调办公室发布了《2013 年知识产权执法联合战略计划》,这是继 2010 年首份《联合战略计划》后,美国政府推出的第二份知识产权执法计划。该计划对 2010 年以来美国政府在知识产权执法方面的成效进行总结,同时制订了未来 3 年知识产权执法工作的路线图,该战略从 6 个方面提出了 26 条执法措施。

美国以知识产权战略为导向,利用长期积累的科技成果,巩固和加强知识产权优势,以保持美国在全球经济中的霸主地位。

(二)构建鼓励创新的知识产权法律体系

1. 立法加强知识产权保护和促进技术创新

为了充分利用知识产权,促进技术创新,在不同的历史时期,美国通过出台不同的法律,并不断地修改完善,扩大保护范围,加强对知识产权的保护,促进技术创新,如附表 B－1 所示。

附表 B－1　美国促进技术创新的法律

时间	法律名称	主要作用
1980 年	《贝－多法案》	法案进一步修订,注重知识产权(例如专利和许可证)的使用,以通过允许小企业、大学和非营利组织获得用联邦基金开展发明创造的资格来实施技术转移
1984 年	《专利和商标明确法》	进一步修订关于专利和许可证使用方面的法律条文来实施技术转移

附表 B－1(续)

时间	法律名称	主要作用
1986 年	《联邦技术转移法案》	侧重于直接技术转移；建立“联邦实验室技术转移联盟”，使联邦实验室加入合作研发协议（Cooperative Research and Development Agreements），为实验室的专利发明谈判许可证
1989 年	《国家标准与技术研究院授权法案》	扩大了合作研发协议中的知识产权
2000 年	《技术转移商业化法案》	认可合作研发协议的成功，扩大了合作研发协议的许可授权范围

2. 版权法修订以扩大保护范围

美国非常重视版权，根据美国企业的竞争需要和著作权保护的需要等，不断出台和修改完善版权方面的法律，扩大保护范围，加强保护力度，如附表 B－2 所示。

附表 B－2　美国保护版权的相关法律

时间	法律名称	主要变化
1980 年	《版权法》	将计算机软件程序列入保护的范围
1984 年	《版权法》	将录音作品列入保护的范围
1990 年	《可观赏艺术作品作者权利法》	首次将作者的精神权利纳入版权法保护范围
1998 年	《版权期间延长法案》 《数字千年版权法》	实现版权保护期限的延长和作者数字化版权权利内容的扩展
2002 年	《技术、教育和版权协调法案》	解决了远程教育和版权协调问题
2005 年	《家庭娱乐与版权法》	进一步加大了对美国电影版权的保护力度

3. 商标法修订与其他法律及时有效衔接

在商标法领域，随着其他相关法律的出台，《兰哈姆法》及时进行有效衔接和修订，至今仍有效。例如，《1995 年联邦商标淡化法》出台，《兰哈姆法》修改，对驰名商标的保护做出了特殊规定，禁止他人未经授权使用已经驰名的商标；1999

年美国国会又通过《反域名抢注消费者保护法》,《兰哈姆法》再次修订对于商标和域名的保护做出了规定,如附表 B－3 所示。

附表 B－3　《兰哈姆法》修订

时间	法律名称	主要变化
1995 年	《兰哈姆法》修订	对驰名商标的保护做出了特殊规定,禁止他人未经授权使用已经驰名的商标
1999 年	《兰哈姆法》修订	对于商标和域名的保护做出了规定

4. 加强专利制度的修改完善以推进美国知识产权战略实施

美国《专利法》施行至今,已经历经多次大修改。其中 1999 年的《美国发明家保护法令》是自 1952 年以来《专利法》的比较重大的一次修订。该法重点修改了美国的专利审查、专利保护期和复审程序等几大制度,突出强调了对发明人利益的最充分保护。2004 年,美国又通过了广受欢迎的《合作研究与技术强化法》,进一步修改了《专利法》中有关评价“非显而易见性”时对现有技术的规定,填补了“显而易见性”标准的漏洞。

(三)构建支撑知识产权发展的政策体系

1. 制订知识产权战略计划

2010 年 6 月,美国政府批准公告了由知识产权执法协调员维多利亚·艾斯比奈尔提出的《知识产权执法联合战略计划》。该战略计划提出了 6 个方面共 33 项执法行动要点,几乎涵盖了美国政府知识产权执法的所有领域,采取的措施包括如阻断假冒药品流通、查找联邦合同中侵权软件、促进联邦与地方执法机构合作、减少互联网盗版等。

2. 政府大力开发知识产权

在美国,开发知识产权被看作是一种增加“竞争池”(competitive pool)中企业数量的方式。美国国防采购局已经把知识产权看作是一种战略资产(strategic asset),并尽可能对知识产权进行开发,其开发力度超过了纯粹的技术开发。美国国防采购局这样做的目的是为了增加参与国防项目竞标的企业数量,而竞标企业的数量越多,则越能加速企业技术创新,就有更多新技术成果向国防工业领域转移。

3. 制订促进知识产权转化的支持计划

例如,两用科学技术计划提供了把私营企业和军事研发结合起来或加强双方商业和军事客户所需技术的渠道。小企业技术转移计划重点支持国有民营的

而不是国有国营的实验室，资助申请方式必须是小企业与大学、非营利研究机构或联邦资助的研究中心联合申请的。

4. 强化知识产权保护

例如，2010 年 3 月，美国贸易代表办公室公布《2010 年美国贸易壁垒评估报告》，抱怨多起他国对美国知识产权的侵权行为；2010 年 4 月，美国贸易代表办公室发布《2010 年美国特别 301 报告》，审查了 77 个贸易伙伴并且将 41 个国家列入优先观察名单、观察名单或 306 条款监督国家。

三、中美知识产权政策法规的异同分析

（一）中美两国均把知识产权战略作为国家战略

美国较早认识到知识产权在国家发展中的重要地位，把知识产权战略上升为国家战略，并长期坚持；而中国在 2008 年将知识产权战略首次上升为国家战略。这体现了中美两国在战略层面对知识产权认识的时间差异。

（二）中国知识产权法律法规建设滞后于美国

在知识产权管理方面，美国主要奉行的是政府引导与市场运作相结合，充分利用市场经济的特点和规律，推动知识产权服务国家经济和社会发展，同时加强知识产权保护。我国是转轨时期的社会主义市场经济国家，知识产权管理方面的法律法规尚存在较多不成熟的地方，在知识产权管理和运用方面，还有较长的道路需要摸索。

（三）中国知识产权保护力度弱于美国

近年来，尽管中国加强知识产权保护，重拳出击知识产权的侵权行为，但是由于受到地方保护主义阻碍、出于社会就业考虑等方面因素的影响，侵权行为打击力度不够。美国构建了多重保护知识产权的法律体系，对知识产权的侵权行为打击较为严厉。

四、有关政策建议

（一）将国家知识产权战略逐步分解细化为具体的行动方案

以国家知识产权战略为导向，逐步分解为中长期规划、年度工作计划和具体的工作方案，推进我国知识产权转化和加强知识产权保护，促进知识产权服务于我国经济社会发展。

（二）不断完善知识产权的法律法规体系

根据知识产权运用的实际需要，进一步细化明确知识产权的具体领域，与时俱进地修订完善关于知识产权保护的法律法规，逐步构建多层次的知识产权管理体系，使知识产权在推动科技创新、产业发展等方面得到更加有效的运用，从而实现更大的社会效益和经济效益。

（三）针对知识产权运用制定体系化的配套政策措施

针对知识产权在交易、转化等方面的运用，制定出财政、税收、金融、土地、人才等方面的配套政策，切实推动知识产权有效运用，为我国在新常态下实现经济发展方式转变提供新的发展动力和发展活力。